Du même auteur

Récits
Le Troisième Jour, *Plaidoirie pro domo*, Paris, BoD, 2018.
L'exode, *Bisi Mavula*, Paris, BoD, 2018.

Contes
Guirlandes fanées *Contes du Congo Brazzaville,* Paris, Acoria, 2011.
Nouvelles guirlandes fanées *Contes et légendes du Congo Brazzaville,* Paris, BoD, 2018.

Proverbes
Le Masque des Mots *sous le toit de mon père (traduction de proverbes Kongo),* Paris, BoD, 2018.

Histoire
Brazzaville *Cœur de la nation congolaise* 1880-1970, BoD, Paris 2018.

Essai
Georges Brassens, *les diables s'en mêlent à présent*, BoD, Paris, 2018.

Poésie
Du pays d'où nous venons, BoD, Paris mars 2018 (en collaboration avec Benoist Saul Lhoni).

Théâtre
Œuvre complète Théâtre, Préface de Caya Makhélé, Acoria, Paris, octobre 2017.

Les princes de
Mbanza Kongo

Couverture
© Benoist Saul Lhoni

Tous droits de traduction,
de reproduction, d'adaptation et
de représentation réservés pour tous pays

ISBN 978-2-3221-219-46

Patrice Joseph Lhoni

Les princes de Mbanza-Kongo

Drame en cinq tableaux

Préface

Quel dramaturge congolais peut affirmer ne pas être un *frère en littérature* de Patrice Joseph Lhoni ? De Guy Menga à Maxime Ndébéka, en passant par Sylvain Bemba, ou Sony Labou Tansi et Dieudonné Niangouna, le théâtre de Patrice Joseph Lhoni fut un exemple de construction dramaturgique. Nous avons, tous, grandi dans les bras des textes comme *Matricule 22* et *Les Trois francs*. Ces textes nous ont accompagnés à travers diverses mises en scène professionnelles ou d'amateurs. Le *Théâtre National*, les compagnies privées, les écoles et les lycées ont puisé dans une œuvre qui anticipait notre avenir en nous plaçant au centre de notre histoire.

Le Congo, dès les années précédant les indépendances, se construit, avec des auteurs comme Tchicaya U'Tamsi, Jean Malonga, Letembet-Ambilly, Guy Menga et Patrice Joseph Lhoni, un regard tourné vers la question congolaise. C'est comme si l'espace

du cri d'affirmation que lance le poète Tchicaya U'Tamsi avec ces vers,
Sale tête de Nègre,
Voici ma tête congolaise
… affichait par anticipation l'exergue d'une quête littéraire à la Congolaise. La voie d'un réalisme merveilleux était ouverte.

En effet dès les années 60, comme le précise en 1982 Guy Menga dans le numéro 3 de la revue *Culture française*, le Congo se dote donc d'un nombre assez important de troupes – qui faute de répertoire national –, elles montent, adaptent et jouent des comédies ou des farces signées Molière, Marivaux ou Courteline. Car les auteurs ne prendront en marche le train théâtral ainsi lancé qu'à partir de 1962. Maurice Battambica, Guy Menga, Patrice Joseph Lhoni et Ferdinand Mouangassa seront les premiers à prendre place dans le compartiment réservé aux auteurs alors que dans celui des comédiens voyagent en nombre important les célébrités qui donneront ses premières lettres de noblesse à ce théâtre naissant. Ils s'appellent Élisabeth M'Passi, Pascal Mayenga, Marius Yelolo, Pascal Nzonzi, Victor NT'tua Kanda, pour ne citer que les plus connus sans pour autant oublier les seconds rôles et les figurants tout aussi importants, tant il est vrai que la création théâtrale demeure avant tout une œuvre collective. Les premiers succès remportés par ces comédiens et auteurs qui font figure de pionniers vont susciter un phénomène de création extraordinaire, chez les dramaturges surtout… Je suis, à l'instar d'autres dramaturges congolais, indéniablement redevable de ces *pionniers* d'un théâtre proposant un nouvel espace commun à bâtir, à travers une relecture dramaturgique de notre histoire.

Enfant, j'étais en quête de héros congolais, d'une mythologie qui me ferait comprendre le monde dans lequel je vivais. Je ne pouvais imaginer que *mon peuple* fut sans histoire, sans réalisations majeures, sans âme et sans projets d'avenir.

Dans l'espace de diverses parcelles de résistance menée par des hommes comme André Matsoua, ou des héroïnes comme Tchimpa Vita, le Congo m'est enfin apparu. Ni les flonflons des fêtes de l'indépendance ni l'école ne me donnaient cette certitude d'avoir une histoire à moi, une histoire qui me liait à un peuple, une culture et un projet de société.

J'ai trouvé dans l'œuvre dramatique de Patrice Joseph Lhoni, tous les questionnements de notre époque. La place du pouvoir dans la Cité, le respect des peuples et de leurs cultures, la probité et le respect des valeurs universelles, le droit des peuples à disposer d'eux-mêmes. La pièce *Liberté*, qui donne la parole à des personnalités historiques et culturelles majeures du XXe siècle est une mise en abyme de l'histoire qui restituait déjà à chaque Congolais sa part d'humanité, obstruée par des siècles d'infamie.

De manière prémonitoire, à travers une analyse et une observation intelligentes, qui n'enlèvent rien à la qualité littéraire, Patrice Joseph Lhoni nous installe dans notre modernité. Cela n'est pas étonnant lorsqu'on sait quel rôle l'auteur a joué dans la mise en place d'une politique culturelle brazzavilloise et par conséquent congolaise.

Si l'œuvre de Patrice Joseph Lhoni annonce la fin d'un monde que l'irruption du colonialisme bouscule et transforme par la force, elle scelle de façon durable une interrogation sur l'avenir et la place des valeurs qui s'installent dans un rapport de force entre l'endogène et l'exogène. Une interrogation qui demeure d'actualité aujourd'hui, portée par une mondialisation galopante.

Caya Makhélé
Écrivain

Note historique de l'auteur.

Si le héros principal de la pièce est Wene, celle-ci s'intitule Les Princes de Mbanza-Kongo. *Dans l'esprit de l'auteur, Wene (qui a régné à une période précise, et qui fut sans doute le réorganisateur et le plus puissant des rois Kongo) symbolise le pouvoir (un pouvoir personnifié) qu'ont successivement exercé les monarques de Mbanza-Kongo – de la période prélusitanienne et de la découverte du Kongo par le portugais Diego Cao en 1482, jusqu'à la décadence du royaume (1665) – soit près de 200 ans jusqu'au lendemain de la bataille d'Ambouilla !*

En réalité, les princes de Mbanza-Kongo ont régné dans l'ordre ci-après : Mpuku-Nsuku (l'ancêtre – quoique les historiens ne soient pas d'accord sur le véritable père fondateur – du royaume de Kongo qui serait, selon certains, le Kuango et non le Kongo), Nsaku-Lau, Nima-Mzinga, Nimi-A-Lukeni, les ancêtres fondateurs ; leurs descendants, mais rivaux : Wene, Mzinga-Mkuwu, Mkanga-Mbemba (Don Pedro), Mpudi-A-Mzinga-Mbemba (Don Francisco), Mkumbi-Mpudi-A-Mzinga (Don Diogo).

L'action des Princes de Mbanza-Kongo *court et*

se déroule donc en 3 périodes distinctes de l'histoire du royaume de Kongo :

1. Sous les rois traditionnels dont les derniers se trouvent être : Nimi-A-Lukeni ; Mtinu-Wene (son fils) Mkuwu-A-Ntinu (fils de ce dernier).

2. Sous les rois réformistes et plus énergiques, dont Mzinga-Mkuwu, petit fils de Wene converti au christianisme.

3. Sous les rois d'expression lusitanienne et de la période trouble rendue inévitable par des prêtres et des spéculateurs portugais.

Drame en cinq tableaux

Thème

Un drame se joue à la cour royale de Mbanza-Kongo.

Wene, fils du roi Nimi-A-Lukeni, et gouverneur de la province de Nsundi, mais plein d'ambition, après avoir assassiné sa tante paternelle en grossesse, et tué l'enfant que celle-ci portait en son sein, renverse son père du trône et s'empare du pouvoir. C'est, du moins, la version historique généralement admise sur l'avènement de Mtinu-Wene.

Le jeune roi, réformiste, inaugure ainsi, contrairement à la tradition, une manière d'accéder au trône, et, par voie de conséquence, va ébranler tout le système ancien. Il va tour à tour :

Méconnaître l'autorité morale et spirituelle de Nsaku de la vieille branche royale, symbole de sagesse ancestrale ; adopter la religion chrétienne pour marquer son mépris de Nsaku dont il sous-estime l'influence morale réelle ; mais il compte surtout par sa nouvelle conversion obtenir la victoire sur les ennemis héréditaires du trône, grâce, estime-t-il, *aux miracles du Dieu des armées.*

Cette double situation qu'a créée Wene va compliquer l'exercice de son pouvoir :

Sa non-reconnaissance par Nsaku provoquera le courroux des aïeux, et Wene sera momentanément frappé de démence.

Sa conversion au christianisme, c'est-à-dire l'abandon de la tradition, avivera l'opposition d'une fraction du clan royal fidèle à la tradition, et qu'incarnera Mpanza-Mzinga (de la province de Mpangu), le païen et donc, conservateur.

Des désordres et des calamités risquent de s'abattre sur le royaume… Wene, conscient de tous ces faits, va-t-il s'obstiner à se maintenir au pouvoir ou abdiquer en faveur d'un monarque de Mbanza-Kongo, plus digne ?

Sens

1 °. La pièce s'efforce de révéler le caractère de solennité et de gravité dont était empreint le pouvoir, dans l'ancien royaume Kongo. Qualités et vertus (que résume le mot sagesse) sont à l'honneur.

2 °. Le problème du pouvoir est posé : faut-il

l'acquérir par la force, ou se le faire octroyer par la faveur du peuple ? Sagesse ou violence ?

3 °. Le modernisme doit-il forcément inciter à l'abandon de la tradition ? Pour avoir répondu à la question par l'affirmative : Wene perd le trône.

Personnages *(dans l'ordre de leur entrée en scène)*

Nimi-A-Lukeni, roi de Mbanza-Kongo
Le doyen de la cour (Ne-Vunda ou Ne-Laü)
La cour et le chœur
Les seigneurs de provinces (6)
Le Nsaku-Laü
Un groupe de jeunes gens
Les conseillers de la cour royale
Un crieur public ou un griot
Les habitants de Mbanza-Kongo
Wene et ses compagnons
Le Nganga
Ngunga, sœur du roi
Matunga, la reine
La mission lusitanienne
L'explorateur Don Gonçalvès
Le padre Manuel
Mpanza-Nzinga et ses compagnons

Tableau I

Premier Volet

Nimi-A-Lukeni, Roi ! Un cérémonial de sacre à la cour de Mbanza-Kongo. Les vassaux de Nsundi, Soyo, Mpangu, Mbamba, Mpemba, sont venus à Mbanza-Kongo assister au sacre de leur nouveau roi. Chaque vassal porte les insignes honorifiques (emblèmes ou symboles) de son fief. Le nouveau roi, lui, ne porte qu'un simple vêtement de prince. C'est le doyen d'âge de la cour qui administre l'onction royale.

Le doyen. — Mes amis, voici, conformément à nos usages, le prince Nimi-A-Lukeni qui succède au roi Nimi-A-Mzinga, son oncle maternel, que la mort vient de nous enlever. Nimi-A-Lukeni est désormais notre roi !

La cour. — Vive Nimi-A-Lukeni ! Vive le roi !

Nimi s'incline en signe de remerciement, tandis que les ovations redoublent.

— Vive Nimi-A-Lukeni ! Vive le roi !

Le doyen. — Et maintenant, approche, Seigneur, afin de recevoir de mes humbles mains en ma qualité de doyen de la cour, l'onction royale.

Dignement, Nimi-A-Lukeni approche, les mains posées sur sa poitrine

—Voici le moment solennel, l'unique de ta vie, qui va t'élever au-dessus de tes semblables. Tu cesses du coup d'être semblable aux autres. Tu es particulier, c'est-à-dire placé, seul aux confins du monde des vivants et des dieux ! Car de tout temps tu fus le digne héritier du trône de Mbanza-Kongo. Les temps sont accomplis : tu es roi !

Les ovations éclatent

— Vive Nimi-A-Lukeni, roi ! Aaah !

Le doyen continue

— Oui, tu es roi, parce que tu le fus toujours, depuis ta naissance. Tu es roi de sang. Quarante neuf monarques t'ont déjà précédé qui ont tous, plus ou moins, fait l'honneur de Mbanza-Kongo.

La cour. — Vive le roi ! Aaah !

Le doyen continue, joignant la démonstration à la parole :

— Voici le vêtement des chefs, marque de leur distinction. Voici la peau de panthère, expression de ta toute puissance. Elle sera, dans ta demeure et en toutes occasions, le support de tes pieds et de ceux de ton trône.

Voici les bracelets de fer, signe de ton autorité et de ton alliance avec les ancêtres.

Voici le couvre-chef orné de dents de léopard, symbole de ta puissance.

Voici le M'siésié, significatif de ta sagesse et de ton invulnérabilité.

Voici le M'kawa, la canne royale, le sceptre, le reflet de ta dignité.

Voici le couteau de combat, œuvre de Ngangula, le forgeron, qui fait de toi le maître du fer, du feu et de l'eau. Et voici le trône d'ivoire, les chefs seuls y montent. Ainsi, Seigneur, tu es désormais M'tinu, ce qui veut dire Chef !

Ovations

— Vive Nimi-A-Lukeni, roi ! Aaaah !

Le doyen termine par ces mots

— Majesté, use de toutes ces qualités et vertus pour toi-même, ton royaume, ton peuple, pour le bonheur de tous ! M'nua ka kekama ?

Suite en chœur.

Mandaka ma widi !

Puis c'est le défilé des vassaux, pour la présentation des hommages.

De Soyo. — Toute la province de Soyo te présente, Majesté, par ma bouche, ses chaleureux hommages et formule son expression de parfaite fidélité ! J'y joins les sentiments personnels de mon profond respect.

La même formule est dite par les vassaux de Nsundi, Mpangu, etc. Puis, les tam-tams grondent. Une file de jeunes gens, filles et garçons, avancent en dansant en l'honneur de Nimi-A-Lukeni assis sur le trône, entouré bientôt par les jeunes danseurs qui chantent.

Tam-tams et gongs

Mani-Lukeni yedi ! / Mani-Lukeni est couronné
Ntinu keka / Il est désormais consacré.
Katukidi / Il quitte
Mu m'longa mabundu/le rang du commun des mortels
Yandi weka m'tu / Il est maintenant le chef
Ka mabundu ko / Non pas le peuple
Mani-Lukeni yedi ! /Mani-Lukeni est couronné
Luyalu weka / Tu représentes le royaume
Katukidi / Il quitte
Mu m'longa mabundu/Le rang du commun des mortels
Yandi m'fumu yeka   /   Il est désormais le roi
Ka sidi muntu mpamba ko ! /Il n'est plus un simple mortel
Mani-Lukeni yedi ! eee… / Lukeni est couronné
Yedi ! Yedi ! / Couronné ! Couronné !
Mboté kua yandi ! / Nous le saluons !

Fin du premier volet. Le chef est porté en triomphe brandissant le m'siésé.

Deuxième Volet

Le cérémonial du sacre doit, selon la tradition, être couronné par un acte sacramentel *du Nsaku-Laü.*
Les mêmes personnages plus loin le Nsaku. Le roi est assis sur son trône.

Le Nsaku *(muni d'un « mpiya »)*. — Les dieux me gardent du mal de la présomption ! Je suis trop misérable pour prétendre posséder des dons particuliers capables de conférer aux rois la puissance et la vertu. Mais mon rôle est tout de même sacré ; j'agis au nom d'une force invisible autant qu'invincible émanant des ancêtres. Voici pourquoi et comment :

C'était au cours d'une nuit profonde. Point de lune, point d'étoiles au ciel. L'obscurité était totale. Le grand esprit qui habite le sommet de Mongo Kiyala, où nous reçûmes en partage les six provinces, était descendu me dire ceci : *c'est par toi, et ta lignée après toi, que se manifestera l'esprit des anciens de Kongo.*

Ton clan est agréé par les mânes pour faire le pont entre les princes de Kongo et les forces invisibles, mais toujours et partout présentes des ancêtres. Alors, il ne suffira plus que les rois de Kongo soient légitimés et aimés par leur peuple pour qu'ils soient forts. Il faudra que tu reconnaisses leur autorité. Sans quoi leur puissance serait défaillante à tout moment, parce que rendue vulnérable par le courroux du grand Ancêtre Kongo, au cas contraire de non-reconnaissance par toi de leur autorité. Car toi tu es Nsaku, le passage sans l'intermédiaire de qui les princes de Kongo ne peuvent communiquer avec l'esprit des aïeux qui furent les premiers à forger Kongo.

L'esprit ajoute, m'adressant toujours la parole : retiens aussi que le pouvoir temporel est incomplet s'il ne se double d'une influence spirituelle. Temporels et spirituels à la fois, les rois de Kongo seront alors forts et plairont aux mânes de Ntotela… Tel est le sens de mon rôle auprès de Leurs Majestés. Je me devais de faire cette confession avant d'entamer le processus du rituel, afin de prévenir certains esprits qui ignorent souvent l'existence dans le royaume d'une autorité morale. Que cela soit dit partout pour tous présent et à venir !

Armé de m'siésié, le Nsaku se met à officier

— Tu es M'tinu, le Chef, la Tête, dépositaire des vertus et des vies du royaume. Expression,

Émanation, Incarnation des volontés et des forces du royaume ! Ainsi tu es isolé au milieu de ton peuple qui attend de toi l'Exemple, l'observance des principes sacrés de la Droiture, du Bon Sens et de la Sagesse. Sois aimable pour ton peuple, sois en lui et pour lui. N'entreprends rien qui puisse offenser les mânes. Ce serait, non seulement, ta ruine et ta perte, mais aussi celles de ton peuple que tu entraînerais dans ta déchéance. C'est ce en quoi le titre de M'tinu est lourd à porter. Il exige de ses titulaires autant de sagesse que d'intelligence. Le M'tinu est sacré et doit user de son autorité sans en abuser, car les dieux supportent mal que l'on abuse du pouvoir qu'ils dispensent aux mortels.

Le Chef est M'tinu dans ses paroles et dans ses actes. Il est le modèle en tout temps et en tous lieux, quelles que soient les circonstances.

Pilier du royaume, tu incarnes, tout à la fois, les quatre éléments vitaux.

Joignant la démonstration à la parole

— Voici l'eau, source de vie à la qualité purificatrice !

Le chœur. — Voilà l'eau, source de vie à la qualité purificatrice !

Le Nsaku. — Voici le feu, source d'énergie, d'ardeur et d'amour !

Le chœur. — Voilà le feu, source d'énergie, d'ardeur et d'amour !

Le Nsaku. — Vois la lumière, symbole de vérité !

Le chœur. — Vois la lumière, symbole de vérité !

Le Nsaku. — Voici la terre, notre mère nourricière. Le grand esprit, après l'avoir façonnée, la donna en héritage à notre ancêtre commun Mpuku-Nsuku, lequel, à son tour, légua à Nsaku-Laü, Nima-Mzinga, Lukeni-lua-Mzanza. Ainsi, de Mpuku-Nsuku à Lukeni-lua-Mzanza c'est toujours l'esprit de Ntotela se survivant à lui-même, et qui survivra toujours à ceux qui régneront à Mbanza-Kongo.

Dépositaire de la sagesse ancestrale, tu te trouves ainsi placé à la croisée des quatre directions cardinales

Joignant la démonstration à la parole

— Le levant, la vie naissante, innocente et

pure ; l'éclosion de toutes les espérances. Il appartient au prince de les réaliser ;

Le Septentrion, la voie à suivre. Un roi doit savoir marcher droit. C'est sa force.

Le Midi, foyer des forces déchaînées, mais le M'tinu, dois y tremper son caractère, au combat des forces antagonistes ;

Le Couchant, le temps propice au dialogue intérieur des rois. Le roi est initié à se coucher à terre : Sois maître du sol des ancêtres et de tout ce qui y germe. Sois maître des sylves et des ondes.

Abu ! (Ainsi !)

Le Chœur. — Pia ! (Soit-il !)

Le Nsaku. — Et maintenant, sois fort à gouverner ton royaume ; sois ferme dans tes décisions. Punis quand tu ne peux faire autrement. Pardonne si tu estimes que ton geste de clémence est plus salutaire pour ton peuple que pour toi-même. Ton royaume est comme une maison où l'enfant, la femme, le vieillard et l'invalide, tous enfin se sentent chez eux. Car point de M'tinu sans le peuple de son royaume !

Majesté, mon rôle s'arrête ici. Je m'accroupirai aux pieds de ton trône, symbole de ta grandeur, car, pour moi, tu es M'tinu !

À cet instant même, on bat les gongs, les tam-tams, et ce volet se ferme sur un chant rituel :
>Nsangu, zele eee
>Ku bitsinda
>Ba nkaka, ba telamane eee
>Ku bitsinda
>Zulu na m'toto
>Mbanghji
>Nsangu zele eee
>Ku bitsinda
>Kua diama ba tata
>Mpuku-Nsuku
>Nsa,gu zele eee
>Nsaku-Laü
>Nsangu, zele eee
>Ba mâ Dihoki
>Nsangu zele eee
>Ba mâ Ngunga
>Nsangu, zele eee
>Nima-MzingaNsangu zele eee
>Lukeni-lua-Mzanza
>Nsangu, zele eee...

Troisième Volet
Scène mimée ou chuchotée

Un salon de la cour. De temps en temps, un courtisan vient annoncer les divers faits royaux de la journée. Les courtisans se les transmettent de bouche à oreille, avec des gestes rituels, comme de porter la main sur la poitrine.

Le roi vient de se réveiller !
Une nouvelle journée de sa haute charge commence !
Le roi rit, il est content !
Le roi a éternué ! La reine lui a dit une bonne parole !
Le roi travaille, il est sérieux et grave !
Le roi mange avec appétit, il est en bonne santé !
Le roi boit, il est joyeux !
Le roi dort, son visage est serein.

Tableau II

Premier Volet

Séance de travail : le roi et ses conseillers, six gardes de part et d'autre avec des sagaies. Insignes royaux. À l'entrée du roi, qu'annonce généralement le gong ou la corne d'antilope, tout le monde se lève, puis s'accroupit ; le salut au roi : battement de mains. D'un geste de la main, le roi invite ses conseillers à s'asseoir. Les sièges sont des troncs d'arbre sculptés. Le siège du roi est d'ivoire.

Le roi. — Les fêtes du sacre et la consécration sont passées dans leur joyeux train des solennités, et ne sont plus pour nous qu'un doux souvenir. Elles relèvent désormais des annales royales. L'honneur doit maintenant revenir au travail, le travail de chaque jour dans l'exercice permanent du pouvoir que je détiens dorénavant des sages du royaume et des mânes des ancêtres ; dans le fonctionnement régulier de l'administration du royaume par votre précieux concours dont il faut souhaiter qu'il se double, en tout temps et en tous lieux, d'un esprit critique, objectif, dans un climat de confiance réciproque, indispensable à toute réussite d'entreprise humaine.

Pour ma part, je suis d'avance assuré de la bénédiction et de l'assistance de l'esprit des aïeux dont je suis l'humble continuateur et l'ardent protecteur de la vie du royaume.

Je ferai donc de mon mieux pour honorer les charges qui sont les miennes. Elles ne seront pas trop lourdes, attendu que nous les assumerons en commun et avec la participation de tous les sujets du royaume. Je compte, par conséquent, sur tout un chacun, dans la mesure de son intelligence, de ses moyens et de ses possibilités, pour le bonheur de tous.

S'adressant au secrétaire particulier de la cour

— Voyons, sans plus tarder, quelles sont les affaires de première urgence qui réclament une solution immédiate.

Le secrétaire. — À ton service Majesté ! Autant que ma mémoire reste fidèle, quatre questions sollicitent ton auguste attention, et celle du conseil :

D'abord, Sa Majesté doit prendre un acte royal

instituant officiellement Mbanza-Kongo capitale du royaume, car jusqu'à présent aucun acte juridique ne l'a encore confirmé.

Approbation du conseil

Les conseillers. — Nous sommes d'avis.

Le roi. — C'est exact. J'en prends acte.

Le secrétaire. — Ensuite, il n'échappe pas à Sa Majesté – à la seule fin d'une meilleure administration du royaume –, une étude s'impose avec le concours du conseil, relative à une division du royaume en provinces, avec à la tête de chacune d'elles, un gouverneur l'administrant au nom du roi.

Approbation du conseil

Les conseillers. — Cette étude s'impose, en effet.

Le roi. — C'est juste.

Le secrétaire. — En troisième lieu, la situation des vassalités de Kakongo et de Ngoyo est assez particulière pour que l'auguste attention de Sa Majesté ne s'y penche pas sans tout l'intérêt voulu.

Les conseillers. — La situation équivoque de ces deux semi-royaumes ne saurait en effet durer plus longtemps encore !

Le roi. — Je rappellerai certains faits qui s'y rapportent.

Le secrétaire. — En dernier lieu, la vérification des limites des régions frontalières du royaume constitue une nécessité et une obligation pour Sa Majesté.

Les conseillers. — Cela va de soi.

Le secrétaire. — Voilà, Majesté.

Il fait la courbette.

Le roi *(s'adressant à la cour)*. — Messieurs les conseillers auraient-ils des questions importantes à ajouter aux quatre points que vient d'évoquer le secrétaire de la cour ?

Un conseiller. — À propos de la deuxième affaire, à savoir la division du royaume en provinces, j'émettrais volontiers une réserve de ma part, craignant une décentralisation trop prématurée du royaume, à la lumière de la situation particulière des fiefs de Kakongo et de Ngoyo dont fait état, en troisième lieu, le secrétaire de la cour. Je crains, Majesté, que le royaume ne parte en lambeaux, et que ce partage ne suscite des luttes d'influence.

Le roi. — Bien. Nous y reviendrons. Mais quoi encore ? *(Silence)* Bien. Alors le débat est ouvert. En ce qui concerne le premier point, j'ordonne, dès aujourd'hui, la reconnaissance par tous les sujets du royaume et par tous nos voisins, de Mbanza-Kongo comme capitale du royaume Kongo.

Le roi se levant, l'index de la main droite levé
Moi, Nimi-A-Lukeni, roi, par la grâce du grand esprit qui règne dans le ciel et sur la terre et par l'estime que me portent les mânes et les sages survivants du royaume, proclame Mbanza-Kongo, capitale du royaume.

Il ajoute :

Que cela soit dit et répété partout et par tous !

La cour se lève et clame :

Mbanza-Kongo, Capitale du royaume.

Le roi. — Le débat reste ouvert.

Un conseiller. — Je souhaiterais que les questions soient débattues dans l'ordre selon lequel les a exposées le secrétaire de la cour.

La cour. — Approuvé !

Le conseiller. — La deuxième affaire est donc celle relative à la division du royaume en provinces. Je ne partage pas les craintes du collègue qui m'a devancé tout à l'heure. Il s'agirait plutôt pour Sa Majesté et la cour de déterminer le nombre de provinces, et d'arrêter des mesures de précautions pour la nomination des gouverneurs à la tête desdites provinces. Car, à mon humble avis, je ne m'alarmerais aucunement si le nombre de provinces était réduit à seule fin d'éviter de trop morceler le royaume. Et si les dignitaires choisis pour les gouverner étaient dignes de foi et reconnus pour leur incontestable fidélité au roi.

Le roi. — Bien. Moi, non plus, je n'ai nulle appréhension à ce sujet, votre cour sait que la famille royale est composée de deux branches. Or tous les territoires composant actuellement le royaume portent chacun le nom de l'une ou l'autre branche royale. La division du royaume existe en fait. Il y a six territoires distincts qu'il faudra, comme pour la capitale, reconnaître de jure. D'où je déduis que le royaume ne saurait comprendre plus de six provinces, en dehors de Kakongo, et de Ngoyo, dont le statut est particulier, vous l'avez dit. Qu'il ne sache non plus être question qu'à la tête de chaque province, il soit nommé, un gouverneur qui ne soit pas descendant direct de la famille royale. Sans exclure, évidemment, l'éventualité de toute nomination à la tête d'une province d'un dignitaire pris en dehors de la lignée royale pour ses vertus de fidélité et d'attachement au roi et en fonction de ses capacités.

Approbation du conseil

— Point de règle sans exception !

Le roi. — Le royaume comprendra donc les provinces de Mbemba, Mbata, Mbamba, Soyo, Mpangu, et Nsundi.

Approbation

La cour. — Ni plus ni moins ! C'est parfait !

Le roi. — Je requerrai, en temps opportun, des propositions de la cour en ce qui concerne la nomination des gouverneurs. Passons à la troisième affaire.

Un conseiller. — Sa Majesté ne pense-t-elle pas qu'il faille purement et simplement annexer chacune des vassalités de Kakongo et de Ngoyo respectivement aux provinces de Nsundi et de Soyo ?

La cour *(Approbation)*. — D'autant qu'elles sont toutes proches les unes des autres !

Le roi. — Ce n'est pas nécessaire. Nous éveillerons des susceptibilités, car Kakongo et Ngoyo se sont érigés en semi-royaumes quelque peu indépendants quoiqu'encore soumis à l'autorité suprême de Mbanza-Kongo. Une telle mesure serait d'ailleurs superflue d'autant plus que les vassaux de Kakongo et de Ngoyo se réclament toujours de Ntotela. Par contre, et afin d'éviter tout relâchement des liens futurs avec ces deux fiefs, la cour royale de Mbanza-Kongo respectera la tradition suivant laquelle un vassal de Kakongo et de Ngoyo ne peut gouverner contre le gré de Mbanza-Kongo. La même tradition veut aussi que les princes de Kakongo ou de Ngoyo, afin de toujours conserver des liens étroits avec la capitale, se marient forcément avec des princesses de la cour de Mbanza-Kongo. Il faudra seulement veiller à ce que celles-ci soient toujours plus belles ! *(Rires)* Il faudra également que la cour de Mbanza-Kongo veille à la pérennité de cette tradition.

Approbation

La cour. — Dans ces conditions, notre avis est unanime.

Le roi. — Veuillez passer au quatrième et dernier point.

Un conseiller. — Cela va de soi.

Le roi. — Bien.

Un conseiller. — Mais aussi, étant donné que les nouvelles structures, de l'administration des provinces du royaume, risquent de susciter des perturbations au sein du pays, je ne serais pas étonné que naissent des ambitions de tous bords. Je serais plutôt partisan de l'ajournement de cette affaire qui risque d'être mal comprise de nos voisins.

La cour *(Approbation)*. — Approuvé !

Le roi. — Bien. Vous vous exprimez comme la sagesse. Et pour une fin de séance de travail c'est de bon augure que de pouvoir se séparer sur les conseils de la sagesse ! Et si les dieux nous prêtent vie, notre prochain conseil se tiendra dès la nouvelle lune.

Deuxième Volet

Les décisions royales prises à l'issue du conseil sont rendues publiques sur la grand-place par le crieur de la cour. Gongs, cornes d'antilopes ou de buffles, et tam-tams sur le rythme de : Lu lunga ! Lu lunga ! (Rassemblez-vous ! Rassemblez-vous !) *Sur la scène, le batteur de tam-tams et le sonneur de corne. La scène s'emplit de monde.*

Le crieur. — Hommes, femmes et enfants, ouvrez les oreilles et voyez ! Le roi a levé le doigt du milieu de sa main droite ; il a parlé et dit ce qui suit :

Premièrement : *Moi, Nimi-A-Lukeni, roi, par l'estime que me portent les mânes et les sages survivants du royaume, proclame Mbanza-Kongo, Capitale du royaume.* Sa Majesté Nimi-A-Lukeni ajoute : *Que cela soit dit et répété partout et par tous !*

Les sujets *(clament)*. — Mbanza-Kongo,

Capitale du royaume, notre capitale, la capitale de notre royaume ! Que cela soit dit et répété partout et par tous !

Ovations

— Vive Mbanza-Kongo, vive Mbanza-Kongo !

Le crieur. — Deuxièmement : Le roi a encore levé le doigt du milieu de sa main droite ; il a parlé et dit ce qui suit :

Moi, Nimi-A-Lukeni, roi, par l'estime que me portent les mânes et les sages survivants du royaume, ordonne, par souci d'efficacité administrative, la division du royaume en six provinces, avec, à la tête de chacune d'elles, un gouverneur-administrateur au nom du roi. Voici : la province de Mpemba, avec à sa tête Mi-Mpemba, dépositaire du pouvoir royal ; la province de Mbata, avec à sa tête Mi-Mbata, dépositaire du pouvoir royal ; la province de Soyo avec à sa tête Mi-Soyo, dépositaire du pouvoir royal ; la province de Nsundi, avec à sa tête Mi-Nsundi, dépositaire du pouvoir royal ; la province de Mpangu, avec à sa tête Mi-Mpangu, dépositaire du pouvoir royal ; la province de Mbamba, avec à sa tête Mi-Mbamba, dépositaire du pouvoir royal !

Ovations des sujets
Vive Mi-Mpemba !
Vive Mi-Mbata
Vive Mi-Mbamba
Vive Mi-Soyo
Vive Mi-Mpangu
Vive Mi-Nsundi
Vive le roi ! Vive Mbanza-Kongo

Le crieur. — Sa Majesté ajoute : Que cela soit dit et répété partout et par tous !

Ovations des sujets

— Que cela soit dit et répété partout et par tous ! Vive le roi ! Vive Mbanza-Kongo ! Vive le royaume !

Le rideau tombe au milieu des grondements des tam-tams et des manifestations de danse.

Tableau III

Premier Volet

Wene consulte un Nganga. Le problème de succession au trône l'intéresse beaucoup. Son père, le roi, n'a ni frères ni neveux. Le pouvoir va changer de camp en cas de vacance. Mais, la sœur du roi est enceinte.

Wene. — Je viens te consulter au sujet d'un cas assez sérieux dont l'urgence est extrême… Mais est-ce que tu me connais ?

Le féticheur. — Parle, je suis tout oreilles ! Tu es Wene, le fils de notre bon roi, Nimi-A-Lukeni.

Wene *(en sourdine)*. — Notre bon roi *(À voix normale)* ! Oui, voici : Ngunga ! La sœur du roi (mon père) est enceinte. Elle sera bientôt à terme. Alors, ce que je voudrais, c'est que par le truchement de tes pratiques occultes tu puisses me dire ce que sera le sexe de son mwana. Tu pourras, oui ?

Le féticheur. — Qui ?

Wene. — Toi, évidemment !

Le féticheur *(riant)*. — Ehe ! Ehe ! Moi ? Mais tu me connais mal ! Il ne faut pas, en vérité, me comparer à tous ces charlatans éparpillés par-ci par-là dans le royaume. Ils savent tout, prétendent-ils, mais ils sont inefficaces. À cause d'eux, à cause de leurs fétiches inopérants, notre savoir à nous, les vrais Nganga, est décrié ! Mais je fais tout, quant à moi, pour sauvegarder mon honneur, moi ! Et puis je ne raconte pas des bobards. Quand j'affirme : c'est ça, c'est cela ! Mais qui ne me connaît pas ? Et toi-même ? Je suppose que ce n'est pas par hasard, si tu viens me consulter, hum !

Wene. — Fais ce que je te demande, nous verrons bien.

Le féticheur *(riant)*. — Ehe ! Ehe ! Qu'est-ce que tu verras ? Mais, ce que tu me demandes de faire, tiens ! Et tu verras ! Tiens ! Une fois, on est venu me chercher pour un cas alarmant : un enfant se mourait, au grand désespoir des parents. J'arrive et, sans perdre de temps *(l'enfant allait passer de vie à trépas d'un instant à l'autre)*, je fais mon fétiche. J'ai sauvé la pauvre victime de justesse ! Si tu crois que c'était facile d'exorciser l'enfant, qu'une vieille sorcière voulait à tout prix manger ! Tu n'es pas féticheur, toi, alors tu ne sais pas ce que c'est… Une autre fois encore, mais cette fois-là alors…

Wene. — Oui, oui ! Tout cela est peut-être exact, mais ce sont des promesses du passé, je…

Le féticheur *(grave)*. — Ah ! Tu voudrais douter de ma puissance.

Wene. — Pas ça, mais…

Le féticheur. — Mais quoi ?

Wene. — Attaque le travail que je te demande de faire !

Le féticheur *(grave)*. — Ah ! Oui, mais, avant tout, il me faut…

Il fait le jeu de l'index et du pouce, signifiant ainsi qu'il entend être payé tout d'abord.

Wene *(dépité)***.** — Je sais, je sais…

Le féticheur. — Ce ne sera pas perdu, tu sais ! Je

ne suis pas comme les autres qui se font payer, mais sans résultats positifs, après ! Tandis que moi, oui, moi, je suis un vrai nganga et… un bon ! Tu connais le malafoutier Nguembo ? Non ! Mais sans moi…

Wene. — À quoi tout cela m'avance-t-il ?

Le féticheur *(riant)*. — Ehe ! Ehe ! Mais pour te convaincre, tiens ! Et que tu ne doutes nullement de ta confiance en moi !

Wene. — Mais puisque je suis venu te consulter !

Le féticheur. — Oui, c'est vrai.

Wene. — Alors, dis-moi…

Le féticheur *(riant)*. — Je vais te le dire !

Wene. — Eh ! bien, vas-y !

Le féticheur *(grave, même jeu du pouce et de l'index)*. — Il faut d'abord flatter mes esprits. Oh ! Non, ils ne sont pas commodes du tout ! Pas du tout ! Sinon, ils brouillent toutes les réponses aux questions ! Et puis, mes esprits à moi sont forts, plus forts que les plus forts ! Tu vas voir : Mais…

Le même jeu

Wene *(impatient)*. — Souviens-toi qui je suis, et du temps que tu me perds ! Dis-moi, te dis-je, le sexe du futur mwana de ma tante paternelle Ngunga ! Et vite !

Le féticheur. — Oh ! Là ! Là ! Si tu y vas de ce ton-là, tu risques de jeter la panique chez mes esprits. Et ce sera tant pis ! Alors, tu iras partout dans le royaume, répandant le bruit que je ne vaux rien. Que je ne sais rien ! Pourtant, il y a quelques lunes, c'est moi qui ai prédit que Kodi, le satané sorcier de la province de Mbamba serait mort. Eh bien, c'est arrivé ! Tu vois ! Moi, c'est moi ! Il faut te le mettre dans la tête. Allez, donne !

Le geste du pouce et de l'index.

Wene *(fouillant dans son sac)*. — Tiens, voilà deux cauris et dépêchons-nous !

Le féticheur. — Ehe ! Ehe ! Voilà ! Et mettons-nous au travail !

Il déballe son paquet de fétiches, et entreprend une série d'opérations, tout en sifflotant. Il agite tantôt un M'siésié, tantôt un grelot. Il mâche une noix de kola et la crache sur son paquet. Il se lève, exécute une danse, fait frissonner son torse, pousse de temps à autre des cris stridents, fait des pirouettes sur place, enjambe lestement son paquet de fétiches, puis :

— Dis le m'sibu, c'est-à-dire ce que tu veux que je fasse exactement.

Wene. — Je veux être mis au courant du sexe du futur enfant de ma tante paternelle Ngunga, sœur de mon père, roi de Mbanza-Kongo.

Le féticheur. — Bon !

Il reprend la scène décrite plus haut, il chantonne, se maquille le visage, trace une croix de saint André sur sa poitrine, passe au Kaolin ses bras et ses jambes. Puis :

— Niénié !

Wene. — Nié !

Le féticheur *(il reprend ses sautillements, il refait la scène décrite plus haut)*. — Pourquoi veux-tu le savoir ?

Wene. — Parce que je veux le savoir !

Le féticheur. — Eh bien ! c'est d'un garçon qu'accouchera ta tante !

Wene *(rêveur, n'en croyant pas ses oreilles)*. — Dieux ! Un garçon ? Merci, mon ami, merci !

Comme il s'apprête à s'en aller, le féticheur lui crie :

Le féticheur. — Hep ! Minute !

Il fait le jeu du pouce et de l'index.

Wene. — Tu es bavard, mais jamais tu ne perds le nord !

(Il lui jette un petit collier de cauris.)

Deuxième Volet

Le songe de Ngunga, sœur du roi.

Le roi. — Ngunga.

Ngunga *(enceinte, entrant)*. — Je demande pardon à mon frère de venir le déranger dans sa méditation. Je connais trop les multiples charges d'un roi pour me permettre une simple visite à pareille heure indue, parce que tardive, où le repos réclame son droit de cité. Mais si je suis là, c'est bien contre mon gré.

Le roi. — Ma sœur Ngunga, à cette heure-ci ! Et moi, perdu au milieu de mes occupations royales depuis l'intronisation, j'ai perdu tout souvenir des miens ! Ah ! Le pouvoir est un tyran qui arrache à la réalité quotidienne des obligations familiales. Mais depuis quand es-tu donc dans mes murs ?

Ngunga. — Depuis la troisième heure.

Le roi. — Et tu ne cherches à venir me voir qu'à cette heure-ci, pendant qu'il se fait tard ?

Ngunga. — Je n'ai pas voulu te déranger le jour. Et puis, j'ai mon temps, je ne repars que demain au chant du coq.

Le roi. — Bien. Comment se porte mon beau-frère ?

Ngunga. — Assez bien.

Le roi. — Merci ! C'est comme il se doit ! Mais, as-tu mangé auprès de ta « femme », la reine ?

Ngunga. — Oh ! Oui, naturellement.

Le roi. — Ah ! La bonne femme ! Elle n'est pas comme les autres, celle-là. Et si un jour, elle venait à disparaître, je me résoudrais à ne plus remarier… Mais, dis-moi donc l'objet de ta visite.

Soudain, Ngunga fond en larmes.

– Ngunga, ma sœur, qu'as-tu donc ? Que se passe-t-il ? Parle ! Tu m'as donné de bonnes nouvelles de ton mari ; ici, tu nous trouves tous en bonne santé… Alors, pourquoi ces sanglots ? Parle, ma sœur parle !

Ngunga. — Un songe…

Le roi. — Quoi ?

Ngunga. — Oui, j'ai fait un songe !

Le roi *(rêveur)*. — Un songe… Un songe… Un songe… Mais les songes, on ne les dit pas la nuit, on se disposerait à les refaire !

Ngunga. — Je sais, mais il est troublant !

Le roi. — Un songe… troublant ! Tu l'as raconté à ton mari ?

Ngunga. — Non.

Le roi. — Pourquoi donc ?

Ngunga. — Il n'est pas concerné.

Le roi. — Qui donc est concerné ?

Ngunga. — Moi-même.

Nouveaux sanglots.

Le roi. — Quand bien même il te faut le refaire mille et mille fois, dis-le-moi, ce songe troublant qui t'arrache des sanglots.

Ngunga. — Je l'ai fait la nuit d'avant-hier. La cour de Mbanza-Kongo était en fête. Les vassaux du royaume te rendaient des honneurs délirants, à l'occasion de ton intronisation. Tu étais tout empreint de calme et de dignité. Tu étais fier de ton peuple, et ce peuple, pour donner un éclat particulier à la fête, avait organisé des danses, des jeux de combats, et mille diverses manifestations qui mettaient de la joie dans les cœurs…

Le roi *(interrompant)*. — Mais, ma sœur, ce songe n'a rien de troublant, il traduit exactement l'estime du peuple pour son roi, et…

Ngunga. — Certes, jusque-là j'étais heureuse du déroulement des faits et gestes. Mais bientôt, les choses se gâtèrent, et la vision macabre de cette fête devint insupportable. Car, au beau milieu, de la fête, un jeune homme, venu de je ne sais où fit irruption dans la cour des fêtes, et fit taire les manifestants. Il avait la tenue et les armes du guerrier. Il était de taille moyenne, mais avait des épaules larges, les cheveux abondants et broussailleux, avec je ne sais quoi de vif et de menaçant dans le regard !

Le roi. — Et pendant tout ce temps, ni le roi, ni la cour, ni les manifestants, personne n'a dit quelque chose ?

Ngunga. — Personne, parce que tout d'abord, l'apparition soudaine de l'inconnu avait surpris tout le monde qui attendait curieusement ce à quoi il allait en venir ; et parce qu'aussi, de mémoire d'homme, un tel spectacle jamais ne s'était déroulé dans la cour de Mbanza-Kongo depuis les ancêtres… Mais laisse-moi te raconter la fin du songe : *avec son regard vif et menaçant, le guerrier fit quelques pas vers le trône où tu étais impassible, toujours empreint de majesté.* Il te regarda fixement… Puis, au bout d'un moment, il dit avec la voix de quelqu'un, résolument plus menaçant que rassurant, oui, il dit s'adressant à toi : Le cœur de ton peuple est sincère, et la fête que te fait ce peuple est franche. Mais un malheur te guette. Où est ta sœur ? Il faut que tu nous la livres, sinon… Ta sœur Ngunga risque un bien triste sort.

Sanglots.

Mais tu ne pourras éviter le malheur qui ne va pas tarder à la frapper…

Silence de Ngunga.

Le roi. — Et puis, qu'a dit encore le guerrier ?

Ngunga. — Il s'est tu, après cette menace. Et toi, pressé d'en savoir davantage, tu t'es levé du trône pour te diriger vers lui, mais à peine as-tu fait quelque pas que le guerrier s'est lancé à travers la foule des manifestants avec des cris sauvages, bousculant tout le monde, semant la panique. Il s'est je ne sais comment, trouvé nez à nez avec moi. Mais il paraissait si furieux que je n'ai pu supporter son regard. J'ai tenté de chercher refuge parmi les manifestants. Ceux-ci, pris de panique, avaient tous fui, me laissant toute seule en face du guerrier inconnu… Il s'apprêtait à me frapper de sa lance lorsque cette vision troublante m'a tirée du sommeil… J'étais toute haletante, en proie au cauchemar et à l'hallucination. Et ce songe hante mon esprit jusqu'à présent. J'en ai en mémoire tous les détails et mon esprit en est sérieusement troublé et affecté. À tel point que, même en plein jour, il me semble refaire le même songe…

Le roi. — Alors, tu ne partiras plus au premier chant du coq. Je déciderai de ton départ, le moment voulu. Pour l'instant, je vais te demander d'oublier ce songe funeste et de chasser de ton esprit toutes les idées noires qu'il y a laissées…

Ngunga. — Ce n'est pas de moi que j'ai peur.

Le roi. — Mais de qui alors ?

Ngunga *(nouveaux sanglots)*. —… Je ne redoute rien de cette vision. Notre mère ne disait-elle pas que c'est tout le contraire de ce dont l'on a rêvé qui se produit ?

Le roi. — Eh bien ! Alors, voilà une raison de te tranquilliser.

Ngunga. — Pas du tout : j'ai rêvé une fête, le contraire serait mon malheur ! Le guerrier inconnu m'a promis de mauvais jours, le contraire serait mon bonheur. Mais alors quel serait le sens de la brillante fête donnée en ton honneur ?

Le roi. — Nous le saurons. En attendant, va rejoindre ta belle sœur. Ne souffle mot du songe à personne. Et dors bien !

Troisième Volet

Un deuil à la cour royale. Avant le lever de rideau, sonnerie aux morts avec des cornes d'antilope ou de buffle, tam-tams plaintifs, gongs. Deux courtisans assis, l'un s'appliquant à tirer des bouffées de fumée de sa pipe, s'entretiennent de la triste nouvelle.

Un courtisan. — Eh oui, tous les cors, les tam-tams et les gongs de la nuit dernière ont été pour annoncer l'incroyable crime !

L'autre. — Un crime ?

— Eh oui, il a été perpétré par le fils du roi !

— Oh !

— Eh ! Oui et le roi en est profondément accablé.

– Tant, que ça ? Mais quel rapport ?

— Eh oui, la victime est sa sœur !

— Oh ! Mais c'est inouï ! Inimaginable !

— Mais il y a pis encore.

— Quoi ?

— Eh oui, la victime était enceinte. Alors un crime en appelant un autre, eh bien, le prince a tué l'enfant qui était dans le ventre !

— Ayaya !

— Eh oui, le roi ne peut en croire ses oreilles. Mais il a convoqué un conseil extraordinaire de la cour pour ce matin.

— Il va s'embêter devant la décision qui s'imposera !

— Tu connais notre roi. Bien que le sentiment paternel et le devoir royal se battent dans son cœur, on ne peut douter de ses intentions là-dessus : l'application stricte de la coutume !

— Ah oui ! Sans nul doute. D'autant plus que

le prince a déjà plus d'une fois fait le désespoir du roi ! Attitude de grand seigneur ; désinvolture ; ton plus royal que celui du roi, son père ! Avec, par-dessus tout cela, une impatience fébrile à monter sur le trône, à renverser son père ! Phénoménal ! Mais tout de même comment tout cela est-il arrivé ?

— Ah oui ! Il fallait commencer par le commencement, comme on dit. Voilà. Si peu digne de foi que cela paraisse, la sœur du roi aurait traversé le fleuve.

— Pour aller où ?

— Je n'en sais pas plus que toi. Mais soit dit en passant, les passeurs du fleuve ne sont que des membres de la famille royale. Bon. Revenons à la tante du prince. Elle a passé le fleuve. Bon. Mais, arrivée sur l'autre rive, elle aurait boudé le paiement du droit de la traversée. Au lieu que le roi se fâche, lui qui d'aventure aurait été passeur ce jour-là, c'est le prince qui fait saisir sa tante et l'assassine !

— Tu y comprends quelque chose, toi ?

— Rien du tout ; j'ai le vertige.

— Eh bien, tout cela va donner lieu à des commentaires divers.

— Quoi qu'il en soit, le fait est significatif pour le prince de porter le coup mortel à la sœur de son père, vu surtout que cette sœur était enceinte ! On ne tardera pas à connaître la vérité sur cette double atrocité.

Quatrième Volet

Explication du crime par le griot. Pénombre sur la scène. Roulement de tam-tams.

Le Griot *(psalmodiant).* — L'ambition est aveugle, sourde, insensible, elle pousse à l'absurde. Elle est criminelle !

Hommes, femmes et enfants de Mbanza-Kongo, prêtez l'oreille à la surprenante, à l'étonnante, à l'incroyable nouvelle. Le prince Wene, fils de notre bon roi, s'est rendu coupable d'un double crime cette nuit ! Tout le monde se demande pourquoi. Rappelez-vous : à l'origine, la Maison Royale de Mbanza-Kongo ne comptait qu'un seul ancêtre fondateur (de la dynastie de Ntotela). Mais, au cours des âges, elle s'est scindée en deux : d'un côté, le clan des Lukeni comprenant des frères utérins avec leurs neveux maternels ; de l'autre, la branche des Nima sans héritiers présomptifs maternels. Le trône devint une pomme de discorde et l'esprit de concorde de Ntotela disparut. C'était, cependant, une affaire intérieure, et l'entente était toujours possible. Mais…, oui, mais un des fils du roi, le prince Wene, démesurément ambitieux brise la tradition selon laquelle les fils, sauf rare exception, n'héritent pas des biens de leurs oncles maternels ; aux seuls neveux maternels est transmis le pouvoir des oncles maternels ; ainsi la royauté de Mbanza-Kongo est immuable : elle ne sort jamais de la lignée maternelle. Or, Wene voulait régner à la place de son père et contre d'éventuels successeurs légitimes ! C'est pour cela qu'il a supprimé la vie de sa tante paternelle, parce que les tantes paternelles donnent la vie aux neveux, héritiers des biens de leurs oncles maternels… Mais, est-ce assez pour que Wene monte sur le trône de Mbanza-Kongo ? Car il y a encore son père à qui revient le dernier mot, et il y a aussi la Cour du royaume devant ce singulier fait accompli !

Roulement de tam-tams.

Cinquième Volet

Le conseil de la cour.

Un premier conseiller. — Aussi loin que remonte mon analyse sur ce double attentat, je ne vois pas le mobile qui a pu pousser le prince à le commettre.
Aucune explication, même vraisemblable, ne me vient en tête.

Un deuxième conseiller. — D'autant plus qu'aucun rapport n'existe entre cet acte odieux et les prétentions du prince au trône !

Un troisième conseiller. — Il y a tout de même une explication. Réfléchissons un peu.

Les autres conseillers. — Aha !

Le troisième. — Eh oui ! L'histoire du trône de notre royaume est marquée, depuis l'origine, par deux camps opposés au sein du clan royal. En effet, bien que nos rois descendent tous d'un ancêtre commun, M'puku-Nsaku, il est établi qu'à la troisième ou quatrième génération, c'est-à-dire à partir de Nima-Mzinga et Lukeni-lua-Mzanza, l'ancienne branche royale s'est scindée en deux : la branche des Lukeni constituée par le groupe des frères avec leurs neveux maternels, et la branche des Nima sans héritiers présomptifs maternels. Or (et c'est ici que se noue le drame), notre monarchie fonctionne sur le régime matrilinéaire ce qui revient à dire que la transmission du pouvoir se fait collatéralement par deux voies possibles : ou bien entre frères utérins, ou bien au niveau des oncles à neveux maternels. C'est sur la base de cette donnée qu'il faut orienter l'investigation. Car le double meurtre de Wene n'est explicable et compréhensible qu'en fonction de l'appartenance du criminel à l'un des clans. S'il est établi que Wene appartient à la lignée maternelle, il est héritier direct du trône, auquel cas il n'a nullement besoin d'éliminer d'éventuels adversaires. Il n'avait qu'à attendre sagement que l'ordre des successions le désigne en temps opportun. Mais cette hypothèse est à écarter, Wene ne pouvant être à la fois fils et neveu du roi ! Alors Wene tue ! Car, pense-t-il, de cette manière, son trône est sans ambages ! Il brise la tradition, en somme, et s'engage dans la voie de l'usurpation.

Un conseiller. — Oh ! Mais tout devient clair ! J'ai tout compris ! Et par son geste homicide, Wene s'est démasqué ! Mais si vous me permettez, laissez-moi continuer à suivre le fil de cette histoire des successions qui devient intéressante. Voilà donc : Wene tue la sœur du roi (son père), ni par caprice ni par pure méchanceté, encore moins par quelque revanche, mais par calcul ! Mais, suivez-moi bien. Wene sait que son père n'a ni frère ni neveu, pouvant lui succéder en cas de vacance du trône. Aucun problème ne se pose donc, et cette situation exceptionnelle serait toute en sa faveur si une tante paternelle n'était enceinte ! Et tout s'explique ! Jamais une grossesse ne troubla l'esprit d'un homme ! Et c'est le cas pour Wene qui perd sommeil, et appétit. Mais, esprit vif et fertile, Wene trouve bien vite la solution : donner la mort à cette tante paternelle et au germe de vie qu'elle porte en elle ! Et voilà qui est vite fait ! Ainsi, le chemin du trône est libre, il peut désormais le suivre seul jusqu'au bout, la transmission du pouvoir par voie collatérale étant rendue impossible par le double crime.

Un autre conseiller. — Soit. Mais Wene aurait pu attendre la mort naturelle du père, puisque d'une manière ou d'une autre, le trône lui était assuré, et que pour son bonheur, la tradition n'offrait plus d'obstacle en matière de succession au trône royal, faute d'héritier direct.

Un autre conseiller. — Mais nous le savons maintenant, la tante constituait un obstacle permanent pour Wene du fait de sa grossesse ! Son acte était donc préventif.

Un autre conseiller. — Oui, mais n'empêche que Wene a commis une erreur de calcul pour n'avoir pas compté avec la deuxième branche royale qui n'a jamais accédé au pouvoir, et pour qui l'occasion est donnée de prétendre régner à son tour ! En clair, le double crime de Wene aura réussi à aviver l'impatience de la branche royale opposée.

Un autre conseiller. — Soit ! Mais une question reste.

Un autre conseiller. — S'il est vrai que toutes les chances de succession étaient réunies en faveur de Wene, le roi n'admettra pas du tout le comportement de son fils, il faut s'y attendre. Il entend conserver le trône jusque dans les limites de ses forces. D'ailleurs, le problème de succession ne se pose pas, le roi étant en pleine forme. À mon avis, Wene a perdu toutes ses chances et le roi, prévenu, ne saurait plus le légitimer dans sa haute charge. Il faut noter aussi que le caractère tyrannique de Wene est par trop contraire aux vertus exigées des monarques kongo pour qu'il lui soit permis de régner. Par ce double forfait, il vient donc de se salir. Wene vient de se révéler tel qu'il est. Dans la pire des hypothèses, il faut enfin craindre qu'une fois installé sur le trône, il ne fasse régner la terreur !

Mais voici le roi qui vient.

Sixième Volet

Le conseil extraordinaire.
Quand le roi entre, tout le monde se lève. Puis, s'accroupit. Le salut au roi : battement des mains. Le roi, sa garde et les conseillers sont tout de blanc vêtus, le crâne rasé en signe de deuil. Le roi, d'une voix émue, mais posée, autoritaire...
La vocation de ce conseil extraordinaire est motivée par une affaire absurde. En d'autres circonstances, elle n'intéresserait pas que par son côté passionnel et criminel ; mais, l'horrible événement affecte terriblement la maison royale dans ce qu'elle a de plus intime...

Le roi. — Mes amis, l'auteur du double crime de cette nuit, c'est mon fils, le prince Wene ! *(Silence.)* Le songe de ma sœur s'est réalisé. *(Silence.)* Oui il y a quelques mois ma sœur Ngunga a fait un songe au cours duquel elle avait déjà vécu sa mort ! Mais la qualité de prince du criminel ne déroge en rien au principe du droit, et la justice va devoir suivre son cours normal. Mis au courant de la réunion de votre conseil, le coupable va d'un moment à l'autre s'amener ici, sur ma demande, afin qu'il donne à la cour, s'il le peut, les raisons de son double assassinat. Vous vous contenterez, pour la forme, d'ouïr sa déclaration, me réservant, pour ce cas d'espèce, le droit exclusif de réponse… Le voilà qui arrive.

Wene s'arrête net sitôt entré. Le roi poursuit.

— Approche, prince, l'unique objet de cette auguste assemblée. Le royaume tout entier est en deuil, et pleure sa princesse. Toi seul peux, pour cause, expliquer ce malheur. Le conseil t'écoute.

Wene. — Ce malheur, comme tu l'appelles, ne se serait pas produit si la nature avait réglé autrement le cours des événements de la maison royale, en partageant avec équité les chances d'accès au trône. Il n'en est malheureusement rien. Je plaide donc non coupable, personnellement, et ma plaidoirie tiendra en peu de mots. Je justifie mon acte parce que ma tante était prête à donner le jour à un enfant.

La cour *(indignée)*. — C'est affreux ! Inouï !

Wene. — Permettez ! Si ma tante… est morte de mes coups, ce n'est pas à elle que j'en ai voulu, mais à l'enfant qu'elle portait en elle. Agissant ainsi, j'ai d'avance, épargné au royaume des intrigues familiales dont la cour de Mbanza-Kongo est sans cesse le théâtre…

La cour. — Ce n'est pas une raison !

Le roi. — Silence ! Tout à sa guise !

Wene. — Je reconnais toutefois au roi mon père et à son conseil le droit de réprouver mon parricide. Je me dois cependant d'attirer l'attention du conseil qu'en réservant un sort fatal à ma tante, c'est contre moi-même et contre mon père que j'ai porté le coup. Mais, je m'accorde l'absolution, parce que j'aurais pu. Si j'avais voulu faire plus et pire !

La cour *(indignée)*. — Oh !

Wene. — Oui ! Car, voyez-vous, messieurs, il s'agit de l'avenir du royaume, et de mettre fin, ai-je déjà dit, à la vieille querelle qui oppose les deux branches du clan royal à propos du trône. Vous connaissez les choses comme elles sont. Et, si dans la province de Nsundi, les régions de Mazinga et de Nsanga sont toujours insoumises. Sait-on jamais pourquoi ? L'autorité des princes placés à la tête de cette province est constamment remise en cause. Il fallait donc ouvrir une branche de Nima-Mzinga pour qu'à son tour elle puisse faire valoir ses droits et faire légitimer ses aspirations au trône.

La cour. — Prétexte fallacieux qui camoufle une intention inavouable !

Wene. — Peu importe ! Mais la naissance d'un neveu de mon père ne pouvait être souhaitable. J'ai devancé le temps en voulant m'assurer du sexe de l'enfant que portait ma tante en son sein. Je ne me suis pas trompé : c'était un mâle !

Indignation des conseillers.

La cour. — Il y a de la rigueur dans le raisonnement, mais la voie suivie est intolérable.

Le roi. — Allons, silence ! Laissez-lui le temps d'étaler toute sa morgue !

Wene. — Ainsi donc, messieurs les conseillers de la cour, faites votre métier et rendez l'arrêt dont je suis justiciable. Mais je ferai en sorte qu'il ne me frappe pas. En vous faisant cette déclaration, je ne pêche nullement par présomption.

La cour. — Le comportement est présomptueux !

Le roi. — Silence ! Silence !

Wene. — Et si, votre conseil, ce dont je le mets en garde décidait de sanctionner rigoureusement mon double forfait (pour employer votre propre expression), retenez que vous aurez réussi à vous détrure. Sachez-le : toutes les forces jeunes du royaume sont et marchent avec moi. Vous devez comprendre que tous ces jeunes gens, forces vives et montantes du royaume, éprouvent beaucoup d'inquiétude sur leur avenir et tiennent à se l'assurer eux-mêmes. Les temps nouveaux exigent que les usages consacrés par la tradition, mais devenus caducs, soient ébranlés ! Il faut, bon gré mal gré, tenir compte de cette réalité irréversible ! Je m'en tiens là !

Le roi. — Ni ton double assassinat ni le silence angoissé de la cour (interrompu seulement, par quelques cris de vive indignation), rien ne trouble ta conscience !

Tu braves un roi et son conseil ! Tu te moques d'un père ! et sans vergogne, tu viens, tu t'emploies à justifier un acte odieux, abominable, ignoble, exécrable ! Un crime, comme le soleil n'en éclaira jamais, de mémoire d'ancêtres. Fils indigne ! Il faut que tu sois maudit depuis le berceau pour te comporter de la sorte ! Et tes propos sont un anathème proféré contre toi-même ! Tu n'en maudiras pas ton pauvre père. Et le conseil n'est pas sourd qui vient de t'entendre. Ton double crime n'étonne plus personne. Ce qui étonne, par contre, puisque tu es si brave et si assoiffé de pouvoir, ce qui étonne, c'est que tu ne te sois pas attaqué directement à celui qui te parle en ce moment et qui en ce moment même occupe le trône de Mbanza-Kongo. Non seulement tu m'assassines une sœur et un neveu, mais, poussant l'ignominie à son degré suprême, tu veux ma ruine ! Ton intention est claire : me renverser du trône ! Quelle tactique emploies-tu pour y parvenir ? Tu commets un acte dont tu ne sais par avance qu'il sera réprouvé par la loi, le conseil et la justice du royaume. Ainsi, tu te donnes l'occasion d'atteindre au but. Tu viens au conseil sous ton vrai jour. Tu ne te contentes pas de faire état de tes prétentions au trône (de mon vivant et en ma présence !), mais tu menaces le conseil de mort. Et ce, au nom du royaume ! Quel royaume ? Fils indigne, bandit, voyou. Appelle les choses par leur nom et fais-moi grâce de la confusion où tu t'embrouilles tantôt avec tes prétendues branches royales en dissension, tantôt avec ton avenir du royaume, tantôt avec ta course personnelle du pouvoir ! Quant aux jeunes gens dont tu incarnerais les aspirations, ils ne sont pas aussi naïfs que tu puisses le croire. Ce sont des hommes en devenir, et certains même parmi eux, sont certainement riches de beaucoup de qualités qui les disposent déjà à assurer des postes de commande. Et il est certain que beaucoup de jeunes ne demandent pas mieux que d'apprendre et de s'affirmer auprès de leurs aînés. Inutile donc de nous les peindre sous un jour faussement dramatique. Mais qui n'a pas été jeune ? Et ce n'est pas parce qu'on est jeune qu'on manque de vertu ! Bref, s'il y a des jeunes, il y a ton double crime. Ne confondons pas les choses. Et si tu es assassin, tous les jeunes ne le sont pas. C'est une vérité claire comme la lumière du soleil. Fils indigne, cours au trône, tue et massacre tout. Sois roi, mais épargne le sang de l'innocent ; sois roi, mais dans le respect de la règle ancestrale ; sois roi, mais les crimes se payent ! Je suis certain, d'une chose, et le conseil ne me démentira pas. On ne fait pas roi, on n'élève pas au trône les assassins ! Et tout le pouvoir usurpé est éphémère ! Quant aux usages anciens que tu décrètes caducs, ils constituent le fondement de notre vieille société millénaire. On peut y bâtir du nouveau, sans forcément le détruire de fond en comble. Ta défense, assortie d'arrogance, est brillante, très brillante, trop brillante même. Mais, quelle que soit ton éloquence, elle n'efface pas ta double culpabilité. Tes descendants en seront marqués. Et la cour en soit témoin ! Je te renie ! Que cela soit dit et répété partout et par tous !

Le fils. — J'ai justifié mon forfait !

Le père. — Tu l'as seulement expliqué ! Et tu es deux fois criminel !

Le fils. — On comprend mon acte.

Le père. — *On*. Mais pas le roi, ni la cour, ni le royaume.

Le fils. — J'ai agi à la place d'un roi faible, dont la succession…

Le père. — Ah ! Téméraire ! Ah ! Présomptueux ! Faible ! Moi ? Sage, peut-être. Quelle incohérence ! Eh bien, le roi désapprouve celui qui va commettre des crimes en son nom, alors même, qu'il n'en a pas reçu le mandat ! Et la question de succession n'intéresse personne d'autre que moi directement. Mais tu as déclenché une action que tu entends mener jusqu'au bout. Va ! Laisse la cour et le roi prendre leurs responsabilités. C'est à qui dira le dernier mot !

Le fils sort.

Le roi *(continue).* — Messieurs de la cour, le combat est engagé. Vous venez d'y assister, entre un roi légitime et un usurpateur ; entre un père et un fils sans aveu. Un prince indigne veut se frayer un passage au trône en laissant derrière lui des sillons de sang. Je vous rappelle l'impérieux devoir qui est le vôtre, de toujours faire en sorte que la force ne prime jamais le droit ! Jamais ! Dans le cas présent, le sentiment ne saurait prévaloir sur l'application stricte de la loi. Notre coutume est de châtier conséquemment. Si déjà le simple larcin vaut à son auteur des sanctions sévères (jambe amputée, bras mutilé, œil crevé…) et si l'adultère est passible de mort, comment à plus forte raison un double assassinat n'appellerait pas la peine capitale sur le coupable ! J'ai dit. Que cela soit répété partout et par tous !

Matunga la reine fait irruption à la cour.

La reine. — Seigneur, je viens me livrer à ta cour afin de recevoir la même sanction que mon fils. Ce n'est pas que je veuille marquer ma solidarité avec Wene. Loin de là. Mais je suis à tel point accablée et déshonorée que vivre encore compte peu désormais pour moi. Seigneur…

Le roi. — Allons ! Allons ! Femme. Qui est ceci ? Wene est indigne de nous, c'est un assassin ! Quelle part de responsabilité, toi et moi avons nous, dans ses crimes ? J'ai renié Wene, devant la cour. Fais de même ! Wene a souillé l'honneur du trône de Mbanza-Kongo, je ne le reconnais plus comme mon fils. Et le royaume tout entier ne le désapprouve pas seulement, il le déteste, il l'exècre. Vouloir, femme, réclamer la même sanction que lui est déjà coupable, sinon complice. Car, quels que puissent être les sentiments d'une mère pour un fils, le cas de Wene ferme la porte à toute effusion affective. Pour moi, je n'ai point hésité un seul instant entre la raison tout court, attisée par celle d'État, en particulier, et l'affection paternelle. La situation présente, créée par Wene, te soumet à un choix, et l'alternative est de rigueur : ou tu condamnes un fils indigne, et tu peux continuer à vivre en paix à la cour royale ; ou tu le pleures et continues à le chérir, quoi qu'il ait fait, auquel cas tu me serais agréable de quitter ma maison, et dès l'instant que je le dis !

La reine. — Seigneur, tu me comprends mal. Et je

ne mérite pas tous ces discours en pareil moment, et à la suite d'un si grand malheur. Ma position est différente de la tienne. Il t'est plus facile de renier un fils dont le geste a mis fin aux jours d'une sœur que tu tenais en si haute estime. Mais, vois-moi : le coupable est mon fils, et la victime est ma belle-sœur, la sœur de mon mari ! Quoi que le roi puisse croire, je suis doublement accablée : renier mon fils, je le puis, sur ton exemple. Mais le mal n'est guéri qu'à demi, puisque la perte de ma belle-sœur est irréparable ! Ainsi, je voudrais me réfugier dans la mort afin d'oublier tant d'horreur ! Je veux une paix à mon âme !

Le roi. — Eh bien ! Femme, console-toi, n'ayant rien à te reprocher. Wene a agi seul ; il est seul coupable du désastre de la maison de Kongo. Le coup m'accable, c'est vrai, mais la haine que j'en éprouve contre son auteur m'aide à le supporter. Fais comme moi, Matunga !

La reine. — Je veux bien, mais de la douleur, je n'ai pas la même philosophie qu'un père : Car *mon malheur présent affecte beaucoup plus le cœur d'un roi que celui d'un père.*

Le roi. — Dis plutôt : qu'un roi !

À ce moment précis, un courtisan accourt aviser le roi.

Le courtisan. — Majesté, une bande de soldats armés jusqu'aux dents est signalée au coude de la rivière Lunda, attendant, d'un moment à l'autre, l'ordre de combat !

Le roi *(enchaînant)*. — Merci, mon fils si je puis encore me consoler, d'appeler quelqu'un ainsi ! Mais il n'y a pas que toi qui trembles pour la vie du roi et de la cour ! Tout le royaume tremble pour son roi, pour la cour, pour l'avenir du royaume ! Wene peut venir prendre son trône, je ne lui opposerai pas la moindre résistance, n'ignorant pas comme lui qu'il s'est armé contre l'esprit. Or, l'esprit est invincible *(s'adressant à la Reine)*. Mais je parle, ici, autant à la reine qu'à la mère, et peut-être plus à la reine. Alors que dit la Reine ?

La reine. — Ce que pense le roi !

Le roi. — Que dit la mère du guerrier ?

La reine. — Ce que dit le père du guerrier !

Le roi. — Eh bien, c'est parfait ! L'un et l'autre, nous pensons et voulons la même chose !

S'adressant à la cour.

— Mes frères, vous avez entendu l'oracle : Wene vient en conquérant. Je vous enjoins tous de quitter Mbanza-Kongo le plus tôt !

La cour évacue, mais la reine restant immobile, le roi ordonne :

— Femme, fais comme tout le monde. Car il n'est pas bon qu'une mère assiste aux horreurs d'un fils, et pour la reine, c'est un devoir d'État d'écouter le roi !

La reine hésitante, le roi ajoute.

— Je rejoindrai tout le monde dans un instant…

Tableau IV

Premier Volet

Monologue du roi Lukeni.

Le roi Lukeni. — Hélas ! Quels beaux jours Wene réserve au royaume ! L'ambition le presse et l'aveugle ! Après son premier crime, il court à l'assassinat du royaume ! Hélas ! Hélas ! Hélas ! Oui, les jours se suivent, mais ne se ressemblent point ! Et tel fils n'est pas toujours forcément tel père ! Wene vient ici d'en apporter un démenti formel. Car, s'il est mon fils, si le sang qui coule dans ses veines est le mien, ses sentiments, son tempérament bouillant, bref, tout cela n'est pas mon héritage. C'est tout mon contraire ! Autrement dit : j'avais donné la vie et le jour à un être, mais ni sa tête ni son cœur, ne sauraient être de moi. Rongé par une ambition outrée qui l'a dénaturé, Wene court au trône, contre et malgré tout : contre le sentiment filial, contre la tradition, contre la raison. Certes, il est sans doute des pouvoirs qui s'acquièrent à coup de force contre un ennemi héréditaire juré, mais lorsque ce coup de force est l'entreprise d'un fils contre son père, il n'y a que les dieux pour infliger la sanction conséquente. Et ma confiance est dans les dieux. Je suis né, nourri et élevé, dans la tradition, ma règle d'or de conduite est dans la pratique des préceptes des anciens, source intarissable de sagesse. Et j'appris de bonne heure que le pouvoir se donne, mais ne se conquiert pas. Au surplus, il se mérite, car il n'est pas gai de commander, dès l'instant qu'on a conscience des impondérables du commandement, et des vertus qu'exige cet art ! Wene pour pouvoir commander veut livrer des combats. Les dieux me gardent de contrarier ses ambitions en lui opposant des combats. Il voit son trône, il ne voit pas le prix auquel il acquerra le pouvoir : des flots de sang innocent ! Est-ce nécessaire ? Acheter le pouvoir au prix du sang des autres ! Qu'appelle-t-on folie alors ? Pour moi, respectueux de toute vie humaine, j'opte pour l'abandon du trône afin d'épargner au royaume des affrontements utiles seulement à un dément ! Que le sang des innocents soit épargné ! Je n'abdique pas, je me replie ! De cette façon, l'honneur de la cour de Mbanza-Kongo est préservé ! Justice sera faite un jour, pour le rétablissement de l'ordre. Mais d'ores et déjà, je conjure les mânes des ancêtres de ne pas épargner pour longtemps la vie d'un monstre à la tête du royaume. Le châtiment doit appeler le châtiment. Alors, qui vivra verra !

Le roi se retire

Deuxième Volet

Le même décor de la cour royale. Wene, en tenue de combat : morceau d'étoffe ceint aux hanches et descendant jusqu'aux genoux, sagaie, hache, bouclier. Ses compagnons d'armes qui constituent son conseil de guerre portent chacun le même attirail, la hache en moins…

Wene. — Les poltrons ! Ils ont tous fui ! Nous avons la victoire sans avoir besoin de guerroyer. Pourtant, nous étions prêts !

Un compagnon. — N'est-ce pas une astuce ? Tout ce silence…

Wene. — Astuce, ou pas, nous occupons le palais du roi ! D'ici, nous allons mener toutes les opérations. Mais, je ne pense pas que nous en ayons à diriger. Le roi est vieux, ses soldats, ses courtisans, tout le monde sont vieux, et tout le monde a fui ! Il n'y a pas un signe plus révélateur d'une décadence ! À nous de tout rénover ! Et pour commencer, décrochez-moi des murs tous ces signes, symboles ou emblèmes anciens, qui me font horreur !

On décroche tout au milieu d'éclats de rire et de la griserie du pouvoir.

— Il ne sera jamais dit que le nouveau royaume s'établisse sur de vieux fondements séculaires, et sur des superstitions en faveur des morts prétendus illustres et tout puissants. Le royaume naît et commence aujourd'hui ! Vive Wene ! Enlevez-moi de cette salle, ainsi que de toutes celles du palais, tout objet susceptible de rappeler les temps anciens ! J'entends poser un premier acte dit d'épuration… C'est la matérialisation de ma prise du pouvoir. Le deuxième acte va consister, dans un instant, à un tour d'horizon sur les premiers problèmes qui sont les nôtres quant à l'organisation du pouvoir et à celle du royaume… Pour le moment, faisons le tour du palais. Nous nous retrouverons ici, dans un instant.

Troisième Volet

Wene et son conseil de guerre. Le trône royal s'est transformé en un siège géant et intrigue visiblement Wene.

Wene *(sur un ton hautain).* — Voilà ! Le pouvoir est pris, mais ce n'est pas tout ! Il nous faut l'asseoir. Par la destitution, tout d'abord, des princes des provinces de Nsundi, Soyo, Mbata, Mpangu et Mpemba. Pas de pouvoir partagé, décentralisé ! Nous créerons des émissaires itinérants qui auront pour mission unique de parcourir les provinces, et nous renseignerons sur le comportement de leurs habitants. Nous entendons régner entièrement de Mbanza-Kongo. Que cela soit dit et répété partout et par tous !
En second lieu, il nous faut livrer bataille au Nsaku-Laü, cette borne contradictoire dans la maison royale. Sa place n'est plus dans le royaume. Un roi commande grâce à ses aptitudes physiques

et à ses capacités intellectuelles. On ne saurait fonder un pouvoir sur la foi des formules magiques et maléfiques. Et lorsque l'insécurité guette le trône, on lève les armes ! Mais…

Lukenga *(qui a des hallucinations s'écrie)*. — Mais qu'est-ce que je vois aux pieds du roi ? Là, juste à ses pieds !

Wene *(surpris, saute du trône, fait un bond à l'écart, haletant)*. — Où ça ! Quoi ? Qu'est-ce que c'est ?

Branle-bas parmi les autres conseillers.

Lukenga *(continue)*. — Là ! Voilà un serpent !

Wene. — Où le vois-tu ?

Mandala. — Ah, oui ! Je le vois moi aussi ! Sauve-toi ! Il te suit ; la bouche ouverte, la langue crachant des flammes d'un feu écarlate !

Wene *(faisant un bond)*. — Où ça ? Où ça ? Où ? Où ?

Tout le conseil *(tremblant)*. — Qu'on apporte

des bâtons ! Qu'on le tue ! Oui le voilà ! Il avance ! Il avance ! Il menace ! Prêt à mordre !

Wene (*excédé*). — Mais, où le voyez-vous ? Tas de poltrons ? Je ne vois rien, moi !

Lukenga (*armé d'un bâton, se lance contre cette vision et bientôt, un combat s'engage entre lui et un ennemi invisible. Tantôt avançant comme pour attaquer, tantôt reculant comme pour fuir, il donne par plusieurs fois des coups de bâton au serpent imaginaire. Bientôt, il redouble de coups et, triomphalement, promène au bout de son bâton quelque chose d'invisible : le serpent tué ! Les autres conseillers suivent des yeux, hébétés, leur compagnon qui sort jeter la bête dehors ! Personne n'en croit ses yeux*).

Wene. — Mais qu'est-ce que c'était ?

Les conseillers haussent les épaules. Quand le brave conseiller revient, Wene demande encore.

— Mais qu'est-ce que c'était ?

Lukenga. — Un serpent ! Bel et bien !

Wene. — Mais personne ne l'a vu. Comment se fait-il, que toi… ?

Lukenga. — C'est un mystère, mon ami ! Et sans mes quatre yeux, je ne l'aurais pas vu, moi non plus ! Alors c'en eut été, fait de toi !

Du coup, Wene est saisi de convulsions, il s'égare et radote.

Wene. — Allons ! C'est moi, Wene, le roi de Mbanza-Kongo, par la grâce de mes forces physiques et de mes capacités mentales ! Roi…, oui…, c'est…, moi ! Vous m'entendez ? Fichez-moi le camp, vous autres ! On ne partage pas la chambre des chefs, qu'êtes-vous venus faire ici ? Allez ! Allez ! dehors, tout le monde !

Les conseillers (*étonnés, se regardent*). — Mais, il délire ! Qu'est-ce que c'est que ça ?

Wene. — Hein ? Vous dites ? Vous riez, vous ? Moi, aussi, j'ai envie de rire. *(Il rit)* Aha ! Aha ! Aahaa ! Ah ! La joie de rire un bon coup ! Mais, pourquoi rire ? Il n'y a pas de quoi ! Mais, qu'est ceci ? *(Se ressaisissant)* Messieurs, mes frères, les assises de la cour se poursuivent. Que disions-nous donc tout à l'heure ?

Mpumbu. — Que le conseil était ajourné pour… plus tard.

Wene. — Quel est celui qui vient de parler ? Où est-il ? Il est indigne de faire un bon courtisan ! On m'appelle… Majesté ! Qu'on me parle ou me réponde ! Mais, cela n'a aucune espèce d'importance ; c'est l'affaire des rois ! Moi, je suis le prince, le fils de Nimi-A-Lukeni. Vous avez donc oublié ? *(Il rit.)* Aha ! HAHa ! Aha ! HAHa ! Pauvre Nimi ! Mais, où est-il ?

Mbala. — Majesté…

Wene *(se troublant)*. — Où est-elle ? Qu'est-ce qu'elle vient faire ? *(Contrefaisant)* : Majesté… *(avisant un compagnon,)* c'est… Vous, Majesté ! *(Il rit à gorge déployée)* Aha ! Ahaa ! Ahaa !

(Un moment de calme et d'hébétement.)

Nzeto. — Nous sommes punis ! Notre jeune roi est fou ! Sous l'influence des maléfices !

Lukenga. — Je m'en doutais, dès notre entrée dans ce palais ! Le silence qui y régnait m'a fortement impressionné.

Wene *(sortant de sa torpeur)*. — Comment ? Il fait nuit, vous n'allez donc pas vous coucher ? Ou, alors, s'il y a clair de lune, allez danser ! Ah oui ! La danse !

Faites donc battre les tam-tams, et mettez-moi de la joie dans le cœur des gens ! Le village est triste !

Nzeto. — Il fait encore jour, Majesté.

Wene. — Ah ! Oui, il fait encore jour, Majesté… Majesté, c'est donc moi ?

Mpinda. — Oui, Majesté, c'est toi, mais tu es malade !

Wene (*réagissant*). — Moi, ma-la-de ? Qui ose parler ainsi ? Allez ! Administrez-lui dix fois cinq coups de bâtons ! Ça le guérira ! Car, c'est lui, qui est… comment a-t-il dit ?

Les conseillers. — Tu es malade !

Wene. — Non ! Non ! Non ! Pas moi, c'est lui ! Les rois ne tombent jamais malades ; ils vivent longtemps et vieux, sous la bonne garde des ancêtres ! On n'a vu aucun roi de Mbanza-Kongo tomber malade, en pleine activité. À moins que moi… je fasse exception à cette constatation générale… Mais ce n'est pas le cas, et je règne !

Il essaie de monter sur le trône, en vain, et tombe dans le coma au pied du trône. Après un moment de silence angoissé.

Lukenga. — Wene est sous l'influence d'un mauvais esprit.

Mandala. — Nous devrions lui changer de résidence royale, loin de Mbanza-Kongo.

Lukenga. — Le résultat serait le même. Le mauvais esprit le poursuivrait partout, dût-il aller habiter au bout de la terre.

Mpumbu. — Mais que faire ? Et qu'allons-nous devenir ?

Lukenga. — Il faut rétablir la légitimité.

Mbala. — Comment ?

Nzeto. — C'est exact ! Par le recours au Nsaku.

Mandala. — Alors, toi, Lukenga, et pour cause, tu devrais te mettre à la tête d'une délégation pour une entrevue, avec le Nsaku, au cours de laquelle il faudra que tu t'emploies à lui expliquer ce qu'il est advenu à Wene, alors que nous étions en plein conseil.

Quatrième Volet

Chez le Nsaku. Lukenga et trois émissaires. Le vieux Nsaku feint de tout ignorer.

Lukenga. — Salut, dépositaire du pouvoir spirituel du royaume !

Nsaku. — Salut, vous aussi. Et je me réjouis de l'honneur qui m'est fait de vous recevoir ! Mais c'est à quel sujet ?

Lukenga. — Tu es notre grand frère. Tu as le premier vu la fourmi. Or, voici : notre roi est pris de convulsions. Toi seul peux le sauver. Voilà pourquoi nous sommes venus. Car il suffira que tu le voies, que tu implores les mânes, pour qu'il recouvre sa santé.

Nsaku. — Et tu crois que c'est facile ? Aussi facile que tu le dis ?

Lukenga. — Je suis profane en matière d'exorcisme, mais je sais ce que j'ai ouï dire sur ton pouvoir…

Nsaku. — Mais tout Nsaku, que je sois, je n'opère pas de miracles. Mon pouvoir n'agit que sur des sujets sains et vertueux. Mais tu me parles d'un roi. Quel roi ? De qui s'agit-il au juste ?

Lukenga. — C'est de Wene qu'il s'agit, notre nouveau roi ! Wene de Mbanza-Kongo !

Nsaku. — Je l'ignore totalement. À Mbanza-Kongo règne Nimi-A-Lukeni, par la volonté et par l'esprit des ancêtres. D'où sort-il, ton Wene ? Depuis quand et comment règne-t-il à Mbanza-Kongo ? Les rois de Mbanza-Kongo ne cessent d'être roi qu'à leur mort ! Alors, du vivant de Nimi-A-Lukeni, je ne vois pas…

Lukenga. — Comment ? Tu ne le sais pas ?

Nsaku. — Pas le moins du monde. Il ne se passe rien à Mbanza-Kongo que les mânes ne viennent pas me faire savoir. Vous ignorez peut-être que je suis de la famille et que pour tout événement survenant à Mbanza-Kongo, je suis le premier tenu au courant !

Lukenga. — De te l'apprendre, à l'occasion serait-ce trop tard ?

Nsaku. — M'apprendre quoi ?

Lukenga. — L'accession de Wene au trône de Mbanza-Kongo

Nsaku. — Toi, me l'apprendre ? En vertu de quoi ? Je ne te connais même pas en vérité ! Et puis, ce n'est pas à une certaine occasion fortuite qu'on me met au courant du déroulement de l'histoire de Kongo. C'est officiellement que je suis informé, en bonne et due forme ! On ne m'envoie pas quelque inconnu ! Bon. N'insistons pas. Pas de miracle de Nsaku pour ton roi dont j'ignore même l'existence. Nous pouvons nous séparer. Que veux-tu ?

Lukenga. — Je te demande pardon ! Tu peux avoir raison, et c'est ton droit, du reste, de refuser de mettre ta puissance au service du nouveau roi de Kongo. Mais sauve au moins un homme qui se meurt, sans qu'il sache ni comment ni pourquoi !

Nsaku. — Remplit-on, chez toi, dans ton royaume, une calebasse de vin de larmes de pitié ?

Lukenga. — C'est-à-dire ?

Nsaku. — Va-t'en, tueur de serpents ! Mais, des serpents, je pourrais t'en coller des tas à tes trousses ! Et de belles dimensions ! Oui des tas et des tas. Au point d'en devenir fou ! Tu sais d'ailleurs, et ce n'est pas la seule raison de ta présence ici ! Va-t'en, te dis-je !

Lukenga s'apprête à repartir avec ses compagnons lorsque le Nsaku, se ravisant, lui fait signe :

— Un moment ! Reviens ! J'ai réfléchi. Je puis tout de même faire quelque chose pour ton prétendu roi. Pas pour lui, oh ! non ! Mais, afin qu'il recouvre sa raison et réfléchisse sur ce qu'il doit faire : renoncer à un trône indûment occupé ou s'y maintenir contradictoirement, et tant pis, pour lui ! Tiens, prends ce sachet de mystères. Applique-le, sitôt arrivé, sur tout le corps de ton chef en prononçant, à chaque fois, la formule rituelle : *ba lemba nsi, lembameno !* Mais, quel que soit le résultat que tu obtiens, ne reviens plus me déranger, et cela, pour ta santé et ta vie ! Va-t'en !

Cinquième Volet

Retour de Lukenga chez Wene. Les compagnons de Wene.

Lukenga. — Notre mission était délicate et périlleuse. Si je m'en étais douté quelque peu, je me serais bien gardé de l'accepter. C'est qu'en effet, le Nsaku tout en étant au courant de tout ce qui est arrivé à Mbanza-Kongo, fait semblant de tout ignorer ! Et je jouis d'une bonne réputation auprès de lui pour qui je suis le tueur de serpents ! Bref, le Nsaku n'a voulu rien savoir du secours que nous sommes allés lui demander. Ensuite, il nous a poliment mis en dehors ! Mais s'étant ravisé, il est revenu à des sentiments humains, et m'a remis ce sachet dont il dit qu'il renferme des… mystères ! Selon le Nsaku, je dois l'appliquer sur toutes les parties du corps du roi, afin que celui-ci recouvre sa santé. C'est ce que nous allons voir.

Passant à l'exécution, et appliquant le sachet sur

la tête, la nuque, les flancs, le ventre, les pieds, avec la formule rituelle :

— Ba lemba nsi, lembameno !

Miracle ! Wene est guéri !

Wene *(s'étirant, se parlant à lui même et se croyant seul).* — Oho ! Que ce long sommeil m'a fait beaucoup de bien ! Comme je suis à l'aise, et l'esprit frais et dispos ! Cependant, il me semble revenir de très loin, en butte à des puissances invisibles et apparemment invincibles ! Et ce réveil soudain est comme un signe de victoire… Mais où suis-je ?

Il promène son regard autour de lui et il s'aperçoit qu'il est entouré de ses conseillers.

— Que faites-vous ici, et sur ordre de qui ?

Lukenga. — Nous siégions tout à l'heure lorsque tu es tombé dans le coma.

Wene. — Ah oui, j'y suis ! Eh bien, continuons à siéger.

Lukenga. — Non, Wene ! Remets la séance à

plus tard. Consacre le moment qui succède à ton sommeil à la méditation.

Wene. — Et pourquoi donc ?

Lukenga. — Tu dois ton réveil au Nsaku.

Wene. — À... à qui ?

Lukenga. — Au Nsaku. C'est grâce à lui, en effet, que tu es revenu à la vie. Tu étais presque mort. Grâce aux conseils de mes compagnons, je suis allé voir, accompagné de trois d'entre eux que voici, le Nsaku, afin de l'implorer de te rendre la santé. Car c'est bien de Nsaku que la folie dont tu viens d'être victime t'est venue. D'après lui, l'esprit des ancêtres s'acharne sur toi, au comble de son courroux ! Alors, le Nsaku te demande, une fois ta santé retrouvée, de réfléchir et de décider de l'abandon ou du maintien du trône, avec ce que cette deuxième option comporte de périls et de risques pour toi.

Wene. — Il est fou ! Il n'est pas question que j'abdique sans cause ! Ma santé retrouvée se moque maintenant du Nsaku… Euh…, hum… c'est-à-dire que je me trompe. Mais, de reconnaître le pouvoir de Nsaku ne me contraint pas à abdiquer ? Je m'emploierai à me rallier ce Nsaku.

À ce moment entre un envoyé d'une mission portugaise.

L'envoyé. — Majesté, je viens au nom d'une mission portugaise, composée d'un explorateur et d'un groupe de prêtres catholiques, laquelle désirerait être honorée d'une audience de Sa Majesté.

Wene. — Quel serait donc le but de leur... *mission* ?

L'envoyé. — D'une part, établir des relations commerciales entre ton royaume et le leur ; d'autre part, te faire connaître une religion, leur religion dont ils disent qu'elle a une *vocation universelle*.

Wene. — *Mission ici* ! *Vocation là* ! Soit ! Mais si je consens à recevoir cette *mission*, ce sera plutôt pour m'instruire d'abord de *sa* religion. Si cette religion peut m'aider à régner sans obstacle, alors je pourrai décider des relations commerciales avec le roi de leur pays.

Retourne donc dire à cette *mission* que l'audience est accordée, en priorité, aux prêcheurs de religion. Après quoi seulement je pourrai palabrer avec d'autres.

Le messager se retire et Wene continue.

— Si tout va bien, l'horizon de l'avenir du royaume ne va pas tarder à s'éclaircir ! Retirez-vous, pour me permettre de recevoir les messagers annoncés.

Tableau V

Premier Volet

Wene, Gonçalvès, un explorateur lusitanien, un missionnaire, le Padre Manuel. Des gardes (armés de lances).

L'explorateur *(avec un fort accent portugais)*. — Salut, Votre Majesté ! Et avant de vous remercier du grand honneur que vous nous faites de nous recevoir, je me dois de faire remarquer à Sa Majesté que nous avons en quelque sorte dérogé aux ordres qui nous ont été transmis, selon lesquels Sa Majesté ne consentait qu'à recevoir d'abord une partie de la mission que représente ici le Padre Manuel. Sa Majesté doit savoir que c'est une chose quasi impossible pour nous, considéré qu'au sein de notre mission, l'un et l'autre, nous sommes indissociables. Je veux dire que chacun de nous, explorateur et missionnaire, est au service entier de notre bon roi du Portugal, quoique nos buts soient quelque peu différents, Dieu et les préoccupations matérielles. Mais, en vérité, ce sont là, choses complémentaires ; pas de foi chrétienne prêchée par des étrangers et acceptée par les autochtones si des relations strictement humaines ne la favorisent, comme aussi, des relations humaines entre peuples de mœurs différentes ne peuvent prospérer sans sentiments religieux ou impératifs moraux communs. C'est au moins notre conception. Voilà pourquoi, Sa Majesté, nous vous demandons de recevoir à la fois l'explorateur que je suis, et le religieux qu'est le Padre Manuel, chacun de nous ayant la bénédiction de notre très chrétien roi Jean du Portugal, mais pour une même cause. Ne voyez donc en chacun de nous, séparément, ni explorateur ni prêtre, mais nous sommes pour ainsi dire, confondus, l'un et l'autre, le mot enfin : pour la grandeur de notre royaume et la prospérité du vôtre.

Wene. — J'entends, j'entends. Mais quand bien même cela serait dans votre conception des affaires spirituelles et matérielles, la nuance ne doit pas échapper à votre vénérable et vénéré roi de Mputu, comme vous dites. Notre conception à nous établit, sans équivoque, qu'au départ tout pouvoir spirituel se distingue de toute autorité temporelle. Si, en fin de compte, le chef incarne les deux pouvoirs, chez nous, il exerce le premier par l'intermédiaire des dépositaires moraux. En voulant moi-même ignorer ce principe et en faire fi, j'ai failli perdre le trône et me perdre moi-même. C'est ainsi que, lorsque le roi de Kongo envoie un émissaire percevoir des impôts, il ne se trompe pas sur les deux pouvoirs, et sait, à l'occasion, qui il envoie ! Enfin, passons, et peu nous importe si le roi de Mputu fait cette confusion. Mais je vais tout de même vous imposer l'obligation de traiter séparément, au cours de cette entrevue, des relations commerciales et de la religion. Commençons par ce qui vous intéresse. Vous l'explorateur ?

L'explorateur. — Permettez, Majesté, avant d'aller plus avant, je dois vous remettre des présents de notre bon roi Jean du Portugal, en signe de son amitié pour Votre Majesté.

Il présente tour à tour des étoffes de brocard et de velours, des pièces de satin et de soie, des étoffes de Hollande, des vêtements somptueux, des queues de cheval à garniture d'argent, des clochettes diverses…

Wene. — Merci beaucoup, mais veuillez les garder encore pour la fin des entretiens. Je ne voudrais pas que…

L'explorateur. — Ces présents ne sont assortis

d'aucune condition et le fait que vous nous ayez bien accueillis justifie une marque de reconnaissance, et...

Wene. — Bon, bon ! Mais voyons : que comptez-vous exporter de chez nous ?

L'explorateur. — Mais, Votre Majesté, vous me surprenez ! Vous êtes riches, je veux dire que votre royaume est riche ! L'île de Sao Tomé recèle une perle rare, et mieux que cette perle, il y a ici un capital humain qu'on ne trouve nulle part ailleurs dans le monde ! Vous avez...

Wene. — Nous savons, nous savons ; nous n'ignorons pas nos propres richesses. J'ai compris le mobile de votre ambassade. Nous aurons tout le loisir de parler d'opérations commerciales et de considérer les avantages qui peuvent en découler en notre faveur et en la vôtre... Je voudrais maintenant que votre compagnon parle de *sa* religion.

S'adressant au prêtre.

— Est-elle en rapport avec nos perles et notre capital humain ?

Le prêtre. — Notre religion prêche l'amour du

prochain, car le Christ nous enseigne : *Aimez-vous les uns les autres !*

Wene. — Excellent précepte. Mais qui est ce Christ ?

Le prêtre. — C'est Dieu lui-même. Voyant que les hommes avaient perdu, tout souvenir de lui, et qu'ils persistaient à vivre dans le mal, il est descendu du ciel pour se manifester à eux, en prenant une nature d'homme, afin qu'il leur parle de vive voix et directement, et parce qu'il semblait aussi, alors, que le souffle de l'Esprit saint se perdait en tempête…

Wene. — Peut-être. Mais c'est cela que de s'aimer les uns les autres, en achetant et revendant des êtres humains ? Car votre compagnon me parle d'un capital humain précieux de mon royaume. Vous devez savoir ce qu'il veut dire !

Le prêtre. — Oui et non !

Wene. — Une seule réponse s'impose : c'est oui, ou c'est non, et non les deux à la fois ! Votre religion serait-elle complaisante et pleine de dilemmes ? Mais, serait-ce tout ce que vous savez dire de votre Dieu, pour qu'à la moindre objection vous vous embrouilliez, répondant par l'affirmative et la négative à la fois ?

Le prêtre. — Quand on se met au service de notre Dieu, peu importe qu'il y ait des travers chez les hommes. Le servir seul suffit, le reste se fait de surcroît !

Wene. — Oui, mais votre Dieu est faible parce qu'il laisse faire. Nos mânes sont plus puissants et agissent sur-le-champ ! Car, pour nous, seule compte la force, selon notre conception du pouvoir, qu'il soit temporel ou spirituel.

Le prêtre. — Notre Dieu, c'est le Dieu des armées ! Il donne la victoire à ses serviteurs !

Wene. — Ah ! Cela est plus intéressant pour moi ! Car je voudrais combattre un ennemi héréditaire. Pensez-vous que votre Dieu puisse m'être utile ? Si oui, je l'adopte sur-le-champ !

Le prêtre. — Votre foi seule vous sauvera.

Wene. — Quelle foi ?

Le prêtre. — De vous en remettre entièrement à lui. Le reste viendra, de surcroît !

Wene. — Pour cela, que faut-il faire ?

Le prêtre. — Vous faire baptiser, renoncer à vos coutumes, entre autres, les fétiches et la polygamie. Tout pouvoir ou toute force vient de Dieu et une seule femme suffit !

Wene. — Les coutumes, on peut facilement s'en défaire. Mais les femmes, ce n'est peut-être pas aussi facile que vous le croyez d'y renoncer. Vous n'êtes donc marié qu'à une seule femme, vous, pour l'amour de votre Dieu ? Nous en avons dans le royaume. Ce n'est pas ce qui manque, et pour votre compagnon, l'explorateur, c'est un beau capital !

Le prêtre. — Le bon prêtre pratique le célibat.

Wene. — Est-ce possible qu'un homme ?…

Le prêtre. — La foi aide.

Wene. — La foi. Bien. Bien. Alors, préparez-moi un baptême, le reste viendra, de… surcroît. Mais, je précise que c'est afin de gagner des combats que je vais partager votre foi.[1]

---

[1]– En réalité, c'est son deuxième successeur, M'Zinga-M'Kuwu, son petit-fils, qui reçut le baptême en 1491, sous le nom de Joao 1er (Jean), en souvenir du roi Jean II du Portugal.

Deuxième Volet

Mpanza-Mzinga et ses partisans : Kitoko — Sikama — Mbila — Vungu — Msompi — Makangu, jouant au ngola *ou* ngaye...

Mpanza-Mzinga. — Je gagne ! Et je continue… Cette fois, j'ai perdu ! À toi, Kitoko !

Kitoko *(joue)*.

Mpanza-Mzinga. — Au suivant !

Mbila *(joue)*. — Je gagne, et je continue… Je gagne toujours ! Je continue… Ayi ! J'ai perdu !

Vungu. — Cette fois-ci, ça y sera… Ah non ! Je perds !

Msompi. — À moi, maintenant !

Il compte.

— V'là ! V'là…
Je gagne… Je reprends… Perdu…

Mpanza-Mzinga. — Qui veut faire un pari ?

Kitoko. — Lequel ?

Mpanza-Mzinga. — Si je gagne, Wene perdra son trône aussi facilement qu'il l'a pris !

Rires.

Kitoko. — Alors, j'engage !

Mpanza-Mzinga. — Quoi ?

Mbila. — Le trône de Mbanza-Kongo !

Rires.

Mpanza-Mzinga. — Il n'y a pas de quoi rire ! C'est sérieux ! Alors je joue Mbanza-Kongo !

Il joue. Pendant que Mpanza joue, Makangu arrive.

Makangu. — Ah ! Ici, vous jouez ! Mais moi, je vous apporte des nouvelles fraîches de Mbanza-Kongo.

Les partisans de Mpanza sont intéressés par la nouvelle, tandis que Mpanza continue son jeu.

Un des partisans. — Alors, que se passe-t-il à Mbanza-Kongo ?

Makangu. — Je vais le dire, mais seulement quand Mpanza aura fini son jeu.

Mpanza-Mzinga. — J'ai gagné !

Kitoko. — Alors, il te reste à gagner Mbanza-Kongo !

Mpanza-Mzinga. — Ce n'est pas chose impossible ! Et c'est tout en faveur du pari !

Makangu. — Je ne sais pas de quoi il s'agit avec vos histoires de… *j'ai gagné* ; *c'est tout en faveur du pari,* etc., mais moi, j'apporte une nouvelle qui n'est certainement pas en notre faveur.

Mpanza-Mzinga. — Qu'y a-t-il ?

Makangu. — Il y a que Wene vient d'être baptisé chrétien catholique. Ses sujets devront désormais l'appeler *Loufousi* !

Éclats de rire.

— Vous riez, mais l'affaire de son baptême est prise au sérieux par le monarque lui-même, et ses alliés portugais, car on annonce une série d'autres baptêmes !

Nouveaux éclats de rire.

— Riez ! Riez ! Mais Mbanza-Kongo est en liesse, et depuis trois jours les tam-tams célèbrent l'événement !

Éclats de rire.

— Riez, riez toujours ! Mais le caprice de Wene aura des répercussions ou des conséquences dont personne ne peut encore mesurer l'ampleur.

Un silence angoissé fait place aux éclats de rire.

— Oui, en accord avec les missionnaires, Wene vient de décréter l'abolition des mœurs ancestrales. Et le processus de destruction est déjà entamé : les prêtres détruisent et font détruire par le feu, les objets estimés superstitieux, selon eux, telles les demeures de l'esprit de nos ancêtres. Est également ordonnée la destruction des statuettes des Nganga. Sorcier et Nganga fuient par peur de représailles. Les tam-tams passent pour des instruments démoniaques. Bref, les prédicateurs de la nouvelle religion, de connivence avec Wene, sont résolus à faire disparaître tout ce qui procède de l'ordre ancien. Et le royaume est déjà en partie défiguré. Comment, dès lors, laisser les choses aller ainsi ?

Kitoko. — Il faut endiguer le mouvement dévastateur provoqué par les missionnaires et favorisé par Wene. Car il est à craindre que des désordres, des calamités, une multiplication des dangers pouvant résulter d'une sorcellerie déchaînée ne s'abattent sur le royaume. Mais, plus redoutables sont le courroux et la vengeance des ancêtres trahis !

Mpanza-Mzinga. — À t'entendre parler ainsi, Kitoko, j'ai beaucoup de plaisir. Pour ma part, je suis avec un vif intérêt tout ce qui se déroule dans la capitale déshonorée. Bien sûr, je partagerais les mêmes craintes que vous tous si j'avais perdu ma foi en l'action bienveillante et constante des ancêtres qui, les premiers, ont forgé notre royaume. Mais aujourd'hui, on veut me parler de Wene ! À mes yeux, Wene ne représente rien ni ne vaut rien. Il veut être à la tête d'un royaume dont il ignore les tenants et les aboutissants. Wene usurpe un pouvoir. Wene est assassin ; Wene détrône son père ; Wene bafoue et foule à ses pieds la tradition ; Wene fonde sa foi en des croyances étrangères importées, et par sa faute, permet notre dépersonnalisation. Wene… Mais vous croyez qu'un tel comportement restera impuni ! Si brave qu'il soit, Wene manque d'intelligence. Si ses ambitions lui font perdre la tête et lui font croire que les Portugais sont venus ici pour le bonheur de son royaume, il se fait beaucoup d'illusions. Car depuis leur intrusion ici ces fieffés spéculateurs s'adonnent aux pratiques odieuses de la traite. Des hommes, des femmes, des enfants, quand ils sont valides, sont vendus, et il faut multiplier 50 par 100, pour se faire une idée du nombre des esclaves déportés chaque année ! Vous voyez d'ici dix ans le sort réservé à notre royaume saigné à blanc ! Ce sera à n'en point douter la dépopulation ! J'ai une conscience aiguë de toutes ces choses-là, moi. Mais nous serions coupables de perdre tout espoir, car les villes de Mbanza-Mpangu et de Mbanza-Mbata, ainsi que tous les villages le long du fleuve Nkisi suivent attentivement les désordres de Mbanza-Kongo. De plus, le Mani de

Soyo qui jouit, en vertu de sa position géographique le long de la mer, de plus de prestige que Wene de la part des Portugais ne va pas tarder à prendre ses distances… Mais mon plan d'attaque est prêt ! Mes frères, si vous m'avez compris, le discours que je viens de vous faire est une déclaration de guerre. Apprêtons-nous ! Mais mieux que par nos sagaies, notre victoire tient en une tactique : pratiquons dès aujourd'hui une politique d'ouverture avec les princes de Soyo et de Mbamba. Si le jeu réussit, il ne restera plus à Wene qu'à se replier sur sa province natale de Mbata. Il pourra s'y réfugier un moment avant sa reddition, car même Mbata marchera avec nous. Dans le même ordre d'idées, nous resserrerons nos liens avec les vassaux de Kakongo et de Ngoyo dont les liens avec Mbanza-Kongo sont de plus en plus lâches. Je charge Makangu de cette délicate opération diplomatique. Qu'il prévoie toute l'aide qu'il lui faut, en hommes comme en vivres. Et qu'il se mette tout de suite en route ! Quant à vous autres, et dans un instant, quand le gong résonnera, ce sera le signal du rassemblement pour la danse guerrière ! Que cela soit dit et répété partout et par tous !

Le rideau tombe, tandis que résonne le gong. Ici, peut se placer une scène de danse guerrière.

Troisième Volet

À la cour de Wene. Les courtisans, l'explorateur Gonçalvès et le Padre Manuel.

Wene. — Ma foi nouvelle et les grâces de mon baptême, me ragaillardissent et renforcent mon autorité. Cela me permet d'envisager une action militaire de grande envergure pour soumettre tout le royaume. Car vous n'ignorez pas que j'ai un ennemi de taille à abattre, Mpanza-Mzinga de Mpangu, le païen. Une fois les provinces de Mpangu, Mbamba et Soyo rentrées dans les rangs, il me faudra réviser le statut particulier de Ngoyo et Kakongo. J'y mettrai fin, et à la place, j'appliquerai l'intégration pure et simple de ces deux vassalités.

S'adressant aux Lusitaniens.

— Le señor explorateur Gonçalvès est chargé des entraînements militaires. Quant au Padre

Manuel, vos fonctions particulières n'ont pas besoin d'être précisées : vous direz beaucoup de messes uniquement pour une intention : que je gagne à tous les combats et que je règne longtemps ! Que cela soit dit et répété par tous !

Quatrième Volet

Gonçalvès et le Padre Manuel.

Gonçalvès. — Notre mission est détournée de son but !

Manuel. — Et ce roitelet plein d'ambition veut se servir de son baptême à des fins matérielles de conquêtes !

Gonçalvès. — Je suis venu ici pour des opérations lucratives et non pour être au service d'un guerrier qui voudrait m'employer à des entraînements militaires ! Quand je pense à tous les avantages qu'il y a ici à pratiquer la traite, je vois tous les honneurs dont nous comblerait le bon roi Jean du Portugal.

Manuel. — Je suis au service d'un Dieu d'amour ; un Dieu de bonté ; un Dieu de miséricorde, mort sur la croix afin que les hommes s'aiment d'un bout à l'autre de la terre. Mais me voici engagé au service d'un fratricide ! Me voici réduit au rang de quelques féticheur ou banal sorcier. Au bénéfice exclusif d'un seul individu, et quel individu, et pour quelle cause !

Gonçalvès. — Alors, tournons casaque !

Manuel. — C'est à cela que j'allais en venir.

Gonçalvès. — À tout considérer, nous devrions retourner dans la province de Soyo où le Mani est plus intéressant pour nous, quitte à renforcer son autorité et à en faire un rebelle de Mbanza-Kongo.

Manuel. — Oui, mais pour moi l'aventure demeure contradictoire !

Gonçalvès. — Que non ! Notre action commune doit tendre à gagner à notre cause le Mani de Soyo, préparer son avènement à Mbanza-Kongo. Ainsi, seront finies dans ce pauvre royaume déchiré les guerres entre frères rivaux. Et ce sera à la fois à l'avantage de nos spéculations commerciales et de notre sainte religion !

Manuel *(se signant)*. — Dieu nous vienne en aide !

Gonçalvès. — Amen !

Cinquième Volet

Wene et son conseil.

Wene. — La mission portugaise a trahi la cour ; elle est repartie vers la mer, laissant dans nos cœurs le regret de notre enthousiasme primesautier et de l'accueil empressé dont elle a été l'objet de notre part ! L'explorateur et le missionnaire ont, l'un et l'autre, manqués à leurs engagements vis-à-vis de nous. Nous dénonçons, *ipso facto*, les accords conclus avec la cour du Portugal. Les déserteurs en porteront toute la responsabilité.

L'explorateur n'a pas compris qu'il lui fallait pratiquer ses opérations de traite dans un climat politique stable du royaume. Avant de le faire, il était donc de son intérêt qu'il nous aidât à pacifier le pays, en nous apportant le meilleur de son concours dans notre guerre contre les ennemis du trône. Mais le plus absurde est que le missionnaire se soit laissé aller à la remorque de l'explorateur, dont le but est tout différent du sien. Pour lui, autant que pour l'explorateur, la paix dans le royaume était la condition *sine qua non* à l'exercice efficace de son apostolat… Mais tous deux sont partis, et nous voici déçus !

Eh bien ! Comme ce royaume nous appartient et que nous en sommes incontestablement les maîtres, nous pourchasserons cette mission jusqu'à la mer, jusqu'à la leur faire repasser pour se retrouver au Portugal.

Que cela soit dit et répété partout et par tous !

À ce moment arrive un courtisan porteur d'une mauvaise nouvelle.

Le courtisan. — Seigneur, j'apporte une mauvaise nouvelle pour toi : le prince Mpanza-Mzinga marche sur Mbanza-Kongo. À la tête d'une forte armée ! Et à ce qu'il parait, le prince de Mbamba marche avec lui, avec, par-dessus le marché, des menaces, des désordres et des calamités qui s'abattront sur le royaume ! Seigneur…

Wene. — Halte-là ! Je ne suis pas de nature à me laisser intimider ! Mpanza court au-devant de moi pour sa perte ! Que peut le pauvre païen qu'il est devant le brave chrétien que je suis ? S'il tient à sa vie, va lui dire de rebrousser chemin. S'il s'entête, eh bien, il vient pour se faire assommer ! J'ai dit. Que cela soit dit et répété partout et par tous !

Un autre courtisan, porteur aussi d'une désagréable nouvelle.

Le courtisan. — Seigneur, j'apporte une nouvelle désagréable pour toi : les princes de Kakongo et de Ngoyo viennent de prêter leur serment de soutien au prince Mpanza-Mzinga de Mpangu dans sa détermination à te faire la guerre pour d'abord, venger la chute de son oncle, et finir ensuite, par s'emparer du pouvoir ! Les princes de Kakongo et de Ngoyo font actuellement procéder à une levée massive de guerriers destinés au renforcement de l'armée de Mpanza ! Seigneur, j'ai également ouï dire…

Wene. — Suffit ! Qu'on ne vienne pas me rapporter des faits imaginaires ! Et je commence même à douter de ceux-là justement, qui viennent tout haletants, m'apporter de faux bruits. Car enfin, que Mpanza dirige une attaque contre Mbanza-Kongo, on le sait mon ennemi déclaré ; quoi donc d'étonnant ? Mais que Ngoyo et Kakongo se dressent contre moi, cela est à peine croyable, vu que les drames du trône de Mbanza-Kongo ne les concernent qu'indirectement.

S'adressant à son conseil

— Qu'on me mette une bonne garde à l'entrée du palais afin d'empêcher tous les colporteurs de bo
niments de venir constamment nous déranger…
Mais avant que l'ordre soit exécuté, un troisième courtisan fait irruption.

Le courtisan. — Seigneur, prends tes gardes ! Ne reste plus longtemps ici à tenir des conseils. Ton trône est menacé. Le prince de Soyo vient de décider de ne plus reconnaître ta supériorité sur lui ! Le motif avancé est qu'il a été fait chrétien avant toi. Il entend faire prévaloir sa qualité de premier fils de l'Église universelle établie dans le royaume de Kongo. Cette hardiesse lui vient des conseils que lui prodiguent sans cesse les membres de la mission portugaise.

Quelqu'un de la cour veut interrompre le courtisan, mais Wene intervient.

Wene. — Laisse-le parler, son récit est plus

vraisemblable que celui des deux premiers, eu égard à la mention faite aux membres de la mission Portugaise…

Continue…

Le courtisan. — Oui, Seigneur, ces derniers estiment que tu es sans foi chrétienne profonde, et que tu ne te sers de ton baptême que comme un bouclier invulnérable dans tes combats.

Wene. — Cela est vrai, et sur la foi de Padre Manuel qui m'a présenté son Dieu comme étant le Dieu des armées. À qui est donc la faute si je me fais fort de ce principe ? Mais ne m'a-t-il pas enseigné aussi qu'on est baptisé une fois pour toutes et qu'on reste chrétien pour toujours ? Je suis donc chrétien à jamais ! Je combattrai à ce titre.

Un conseiller. — Oui, Seigneur. Mais quand la croix va en guerre contre la croix, de quel côté doit se placer la victoire ?

Wene. — Est-ce l'opposition qui commence ?

Un autre conseiller. —Non, seigneur, mais tout ceci n'est-il pas un signe avant coureur des malheurs que nous réservent les ancêtres trahis ?

Wene. — Comment nos ancêtres auraient-ils été trahis ? Et par qui, d'abord ? Ah ! Mais je vois maintenant que je n'ai que des partisans de façade qui ne partagent même pas mes convictions chrétiennes ! Et je vais châtier les faux compagnons. Je vais mettre de l'ordre dans vos rangs. Voici la méthode : à droite, ceux d'entre vous qui sont pour Wene, et à gauche… les autres !

Silence et hésitation.

Wene *(mais Wene insiste et répète)*. — À droite ! Ceux qui sont pour Wene, et à gauche, les autres !

Un à un, tous les conseillers, sauf un, passent à gauche !

Wene *(désabusé, le ton bourru)*. — Quoi ? Haaan ! Eh bien ! C'est parfait ! La trahison couvait depuis longtemps dans mes murs. C'est parfait ! Je ne me savais pas en résidence surveillée !

Après un moment de silence.

— Mais, je ne suis pas vaincu pour autant ! Oh ! Non !

Il éclate de rire comme en proie à une crise de démence.

— Non, messieurs, je ne suis pas vaincu pour autant ! Et rassurez-vous : personne parmi vous ne sortira vivant d'ici. Je suis assez fort seul pour vous détruire. Et je commence…

Il esquisse un mouvement d'attaque, mais le conseiller fidèle le retient.

Le conseiller fidèle. — Non, Seigneur, non, Reste digne même dans ton épreuve. Il te reste à sauver l'honneur. Tu es trahi, mais tu ne manques pas de grandeur. Tu auras régné peu de temps, mais tu auras beaucoup fait pour le royaume.

Wene. — Je lutterai, coûte que coûte, afin de continuer à assurer le bonheur de ce même royaume !

Le conseiller fidèle. — Un instant, Seigneur. L'histoire n'effacera pas ton nom. On dira plus tard : *Wene accéda au pouvoir par un coup de force. Il le fit pour assurer la grandeur du royaume. Ses projets étaient grandioses, et auraient fait le bonheur de tous. Mais il compta sur des compagnons sans aveu, qui l'abandonnèrent dès les premières intrigues. Et comme ceux pour qui il avait voulu être roi le trahirent, Wene jugea bon d'abdiquer, n'ayant plus de raison de régner.*

Wene. — J'ai mille raisons de régner encore, malgré tout !

Le conseiller fidèle. — Peut-être. Mais une sage décision, loin d'être lâche, vaudrait beaucoup mieux qu'une fâcheuse obstination. Songe à l'exemple de ton père, et l'on dira en ta faveur : l'acte ne manqua point de grandeur et jamais un prince ne se montra magnanime, à un degré aussi élevé ! L'erreur étant inhérente à la nature humaine, la postérité te rendra justice, quelles que soient les fautes que tu as pu commettre.

Wene *(rêveur)*. — Mon père… ma tante…, et le mwana…

Puis, s'écrie soudain.

— Mais je veux encore…

Le conseiller fidèle *(l'interrompant)*. — Seigneur, quitte un trône qui devient l'objet de toutes sortes de tractations et qui suscite mille convoitises et intérêts sordides cautionnés sans vergogne par la spéculation portugaise coupable de complicité.

Silence. Les compagnons de Wene quittent la salle, tandis que la voix du griot chantonne.

Le griot. — Le cœur de Wene se sent brisé. À trois titres : la lâcheté et la trahison de ses compagnons ; la destruction du royaume fondé sur une tradition millénaire qu'il a trahie ; et l'avenir du trône de Kongo devenu incertain par son action… Dans son cœur, c'est tout le drame du royaume qui se joue ! Wene médite. Mais s'il médite, c'est de bon augure. La guerre du trône aura-t-elle ou n'aura-t-elle pas lieu ? Wene seul détient la réponse. Voilà pourquoi il médite. Que les mânes de Ntotela l'aident à trouver une réponse raisonnable et juste !

Wene, prince vaillant, malgré tout ! Que de prodiges n'aurais-tu pas accomplis en temps normal ! Mais l'esprit des mânes te parle par ma bouche.

Refais en ta mémoire le chemin parcouru jusqu'à ce triste jour : un double crime que ne t'ont jamais pardonné les farouches ennemis héréditaires du trône ; le non-accomplissement du rite de Nsaku à ton avènement ; le courroux des mânes ; la rupture avec la tradition ; l'absence de Mani-Vunda et de Mani-Laü à la cour royale ; tous ces motifs ne te sont point favorables.

Pourquoi t'obstiner à vouloir forcer le destin ? Médite, et réfléchis, mais ne perds pas de temps. Mpanza a déjà pris la route de Mbanza-Kongo, et va, d'un moment à l'autre, faire son entrée. Ô Dieux ! Quelle issue (fatale ou heureuse ?) réservez-vous à cette palabre familiale ? Alors, rends-toi, c'est la seule issue sage.

Wene. — Que cela soit dit et répété partout et pour tous ! Mais cours au-devant de Mpanza lui dire de déposer ses armes : la guerre du trône n'aura pas lieu. J'ai trop fait le malheur du royaume pour vouloir recommencer. Convie Mpanza de ma part à une veillée de réconciliation. Je confesserai mes torts dont je me repens déjà et sincèrement. Je me remets à l'autorité morale de Nsaku qui pourvoira à la vacance du trône. Qu'il ne soit pas dit, en guise de grief à mon encontre, qu'à cause de Wene, l'avenir, la personnalité et l'honneur du royaume de Kongo furent compromis !

Que cela soit dit et répété partout et par tous !

Coup de gong. Obscurité sur la scène… Lumière de nouveau. Salle déserte. Le trône géant est ramené à ses dimensions normales. La voix du griot.

Le griot. — Que s'est-il donc passé ? La guerre du trône n'a donc pas eu lieu ?

Grondements lointains de tam-tams, gongs et cornes d'antilope. Une foule se rassemble.

Le griot. — Voyez ! Le palais est désert, et le trône vacant ! Le principe des anciens a prévalu : *jamais le fils ne montre le fleuve à son père* !

Allons tous ensemble rendre hommage aux mânes de Ntotela, afin que l'avenir, la personnalité et l'honneur de Kongo soient à tout jamais préservés et que dorénavant la sagesse des anciens désigne le roi !

Tam-tams, gongs, cornes d'antilope rythmant une incantation chantée :
Nsangu zelé eeee — Ku bitsinda
Nsangu zelé eeee — Ku bitsinda
Na ba tela mio eeee - Ya nzoki mia telema
A na ba tela mio ?

Le griot. — *Wena ma kutu ?* À bon entendeur ?

La foule. — *Ka we !* Salut !

Fin

Cet ouvrage a été réalisé
par les ateliers des ACGI
pour le compte et la direction
de Benoist Lhoni

© 2018 Benoist Saul Lhoni
Édition : Books on Demand
12/14, Rond-Point des Champs-Élysées 75008 Paris
Impression : BoD–Books on Demand, Norderstedt, Allemagne
ISBN : 9782322121946
Dépôt légal : mai 2018